Die Elbe

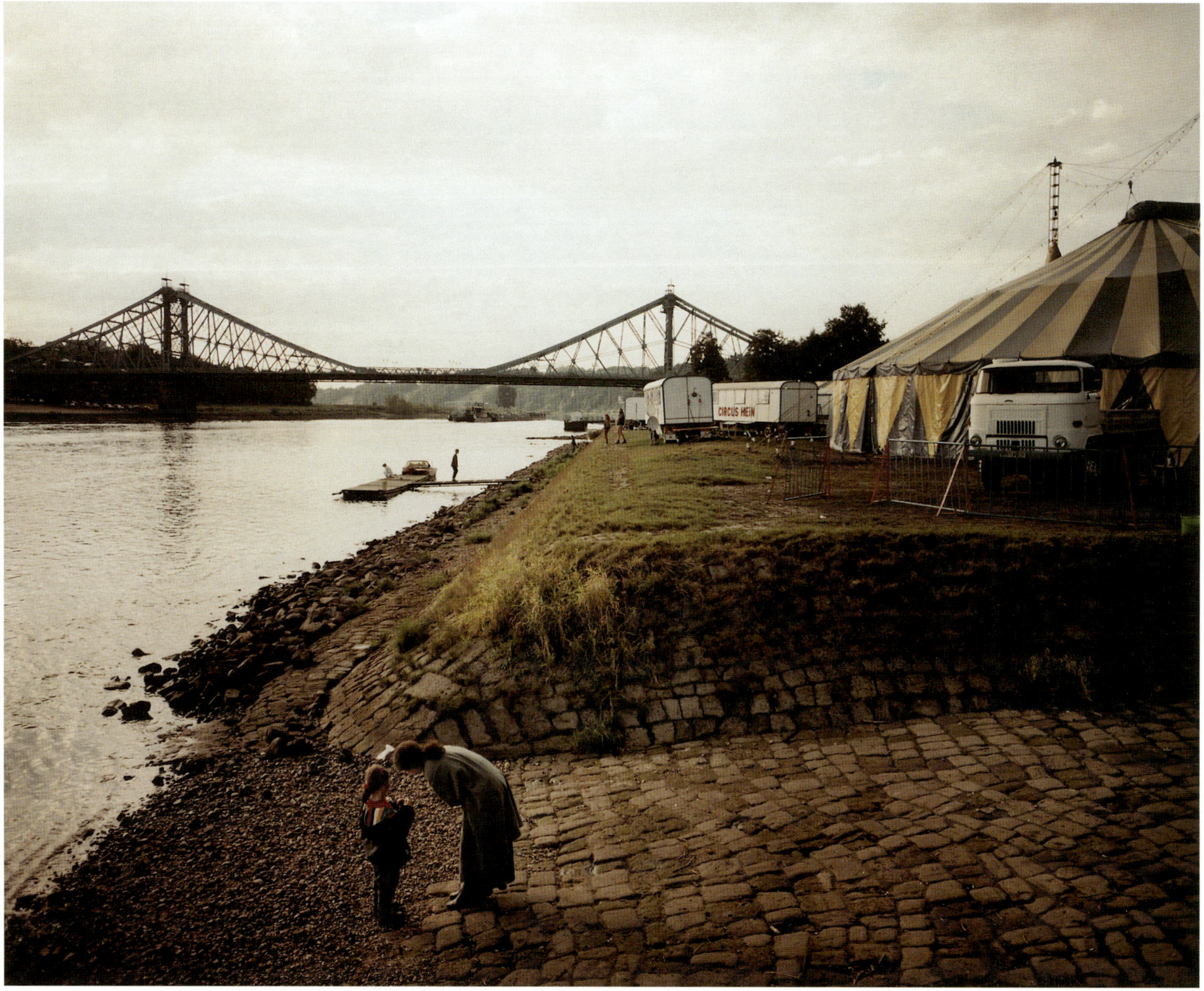
CIRCUS HEIN

Jörn Vanhöfen

Die Elbe

Texte Jens Sparschuh
Walter Kempowski

Gustav Kiepenheuer Verlag

Inhalt

Jens Sparschuh

Meine Verflossene

O Elb', an deinen Ufern aufgewachsen,
In deinen Buchten, deinen grünen Ebnen,
Und nun versetzt ins Mittelland der Sachsen,
Zu dem von Berg und Hügeln eng umgebnen,
Hab' ich, geschieden von der Heimat Freuden,
Am Weh der Heimat oft und viel zu leiden.

Das schrieb Johann Peter Eckermann, als er in Weimar bei Goethe festsaß. Ich saß, als mir diese Zeilen Mitte der achtziger Jahre unterkamen, in Berlin – und mithin, was die Elbe betraf, mindestens ebenso auf dem Trockenen.

Damals wollte ich unbedingt herausfinden, was Eckermann, dieses liebe Naturkind, dieser aus Norddeutschland zugeflatterte Vogelfreund, Hobbyzeichner, Flitzbogenexperte und ewige Verlobte mit Goethe zu schaffen hatte. Immerhin hatte Goethe ihm doch in freier Rede eines seiner besten Bücher diktiert.

War dieser Eckermann bloß eine Art urtümlicher Taschenrekorder, der alles aufzeichnete, was Goethe ihm den lieben langen Tag so erzählte?

War Eckermann womöglich nur Eckermann geworden durch Goethe? Hatte er denn nicht auch so etwas wie ein Innenleben?
Da fielen mir diese Gedichtzeilen in die Hände. Und ich fragte mich: prägt uns nicht vor allem – und zuallererst – die Landschaft, aus der wir kommen?
Nun gab es im 18. Jahrhundert in Frankreich eine von Montesquieu begründete Schule der Milieutheorie. Das war ein etwas spekulativer Zweig der Völkerkunde, der es sich in den Kopf gesetzt hatte, als charakterbestimmend für den Menschen das jeweilige geografische Milieu, aus dem er stammt und in dem er lebt, anzusehen.
Auch wenn man hinsichtlich der Allgemeingültigkeit solch eines geografischen Determinismus gewisse Zweifel hegen kann (Sind Eskimofrauen wirklich durchweg so kalt? Leben denn in der Wüste nur wüste Nomaden?) – so sind doch vielleicht gerade Flußlandschaften ein Spezialfall. Dort, wo man Stillstand und Bewegung, Nahes und Fernes dauernd und stets wandelbar in einem hat, wo jeder Tropfen des Flusses eine Monade des Ganzen ist, sind die Grenzen womöglich fließend.
»Ich kenne nichts, was unsere Seele so ganz unmittelbar mit sich nimmt, als der Anblick eines großen Stromes ...«, urteilte schon Ludwig Tieck über diese spezifische Art von Seelenwanderung, wie sie sich an den Ufern großer Flüsse ereignet.
Eckermanns Elbgedicht jedenfalls, eine Art sentimental journey, ergießt sich – ganz der norddeutschen Mentalität seines Schöpfers folgend – in ruhigem, gleichmäßigem Flusse über lange 51 Strophen. Gemächlich umschifft es all jene Stromschnellen, wo die Gefahr echter Poesie bestünde. Es meidet ängstlich – da sie uns ja mit unkalkulierbarem Ende hinabziehen könnten – die Strudel riskanter Metaphern. Kurz, alles fließt so dahin, bis es nach 306 Zeilen versiegt. Was das Gedicht an Lebenskraft hat, bezieht es allein aus der treuen, unspektakulären Beobachtungsgabe seines Verfassers.

Seit ich dieses Gedicht kannte, las ich die Gespräche Goethes mit Eckermann anders. Vielleicht, dachte ich mir, saß dieser Eckermann an Goethes Tisch genauso wie früher bei sich zu Hause, an der Elbe. Goethes dahinströmender Redefluß – und Eckermann, am anderen Ufer des Tisches, sitzt da mit leeren Händen und sieht zu, daß er was Brauchbares aus der Tiefe herausfischen kann.
Man muß nur abwarten können.
Er macht das übrigens, um keinen Zweifel daran zu lassen, gern.
Denn er weiß – und das ist gut zu wissen: es gibt etwas, das ist größer als wir, und es fließt an uns vorbei.
Die Elbe ist mein Erinnerungsstrom. Sie fließt durch mein Leben, solange ich zurückdenken kann.
Meist kreuzen sich heutzutage unsere Wege nur schnell und gedankenlos, auf einer Auto- oder Eisenbahnbrücke, ein kurzer Seitenblick aus dem Fenster, ob es sie überhaupt noch gibt; das war's – und vorbei.
Manchmal aber, wenn ich Zeit habe und in Dresden auf der Augustusbrücke stehe, im luftigen Nichts zwischen Altstadt und Neustadt, schaue ich lange zu ihr hinab, so lange, bis es mir unten sachte die Füße wegzieht.
Einmal bin ich fünf Jahre alt und stehe in Gummistiefeln am matschigen Ufer. Der Fluß liegt träge in seinem Bett. Schleppkähne, in langer Reihe, ziehen gemächlich an mir vorüber, schwimmende Kies- und Kohleberge. Wohin die wohl fahren? Keine Ahnung. Aber wenn ich winke, tuten sie manchmal sogar zurück.
Ich salutiere, die Hand am Kindskopf, meiner abziehenden Flotte.
Damals begann meine Laufbahn als Elbeschiffer.
Gedankenverloren starrte ich den schwarzen Kähnen hinterher. Als sie hinter der Biegung Richtung Roßlau verschwunden waren und nur ihre Rauchfahnen noch im Himmel hingen und ab und an ein fernes Tuten zu hören war, zog ich meine Trainingshosen auf halbmast und schiffte in die Elbe.

Ein feierlicher Augenblick. Für diesen Moment war ich eins mit dem Fluß. Ungetrübte Freude, das Wasser zu trüben, das sich inzwischen mit den Wassern der Nordsee, des Atlantiks, aller Weltmeere vermischt haben muß.
Das wußte ich damals natürlich noch nicht.
Also zog ich die Hosen wieder hoch und stiefelte zurück, nach Hause, ein Käpt'n auf Landgang.
Den schmalen Trampelpfad entlang, zwischen Brennesseln und Gestrüpp, an der Bucht vorbei. Dort schwappten ein paar Anglerkähne im seichten Wasser. Als Anlegeplattform diente, halb im Schlamm steckend, ein großer grüner Eisenkasten. Über dessen wahre Natur gewann ich erst Jahre später, zufällig und ziemlich unfreiwillig, Klarheit. Diesen verwilderten Naturhafen hatte der mäandernde Flußlauf aus einer Laune heraus mit einem seiner ins Land greifenden Seitenarme angelegt. Die Begrenzung zum Strom, die äußere Pier also, bildete eine schmale Landzunge, auf der schief und grotesk verwachsen ein paar verirrte Bäume herumstanden. Die Stämme – moosgrün und veralgt. In den unteren Zweigen, wie in ausgebreiteten Netzen, hing allerlei Treibgut, das sich im Frühjahr, bei Hochwasser, als nur noch die Wipfel der Bäume aus dem Wasser schauten, dort verfangen hatte.
Ein märchenhafter Anblick: schwarze, aus dem Wasser ragende Äste, die aussahen wie die zum Himmel gestreckten Arme soeben ertrinkender Matrosen.
Weiter führte der Weg, an der Sandgrube vorbei.
Dort hatte ich mal versucht, mit einer Schlange zu spielen, die sich sonnte. Die Verführung war groß! Wie sie so dalag, glänzend und schimmernd, ein frommes Kreuzchen auf der Stirn. In aller Unschuld, mit einem Stöckchen in der Hand, näherte ich mich.
Bis zu diesem Moment mußte mein guter Geist fassungslos dem Spiel zugesehen haben – auf einmal hatte er ein Einsehen und verwandelte sich geistesgegenwärtig in einen trockenen, im Weg liegenden Zweig.

Die Schlange zuckte zusammen – zischte ab. Enttäuscht sah ich, wie sie in ihrem Sandloch verschwand.
Noch ein paar Schritte, die Böschung hoch, zur Straße.
Schon von weitem zu sehen und zu hören: mein Bruder! Mit Schulranzen auf dem Gepäckträger, strampelte er – ein Täve Schur im Kleinformat – auf seinem 24er MIFA-Rad heran. Wie ein Irrer. Schnell wurde er größer. Klingelte und rief. Rief: »Die Freunde!«
Ein freudiger Schreckensruf, der das Dorf, seine schlafenden Hunde und mich aus der dösigen Nachmittagsstimmung weckte.
Ich wußte, was jetzt kam. Das versprach Abwechslung. Doch ich hielt mich besser beiseite, jetzt konnte ich nur im Weg sein. Also ging ich auf Beobachtungsposten und sah, ans Hoftor gedrückt, wie plötzlich Frau Erler, Frau Just und meine Mutter aus den Häusern rannten, zur Scheune – dann zur Straße, wo sie mit langen Heugabeln die über die Straße hängende Telefonleitung in die Höhe stemmten.
Gerade noch rechtzeitig! Schon knirschten und rumpelten in langer Kolonne große olivgrüne Kästen mit der Aufschrift CA und rotem Stern vorüber. Die Erde vibrierte. Und die Luft füllte sich mit Staub und dem betörenden Geruch von russischem Diesel. Das nahm mir den Atem; atemlos, benommen und begeistert, sah ich das wunderschöne Kriegsspielzeug, naturgetreu und im Maßstab 1:1, vorbeirollen.
Offene Jeeps eröffneten die Parade. Dann Sanitäts- und Mannschaftswagen – Soldaten darauf in herrlich dreckig-verschwitzten, erdbraunen Uniformen.
Und schließlich die Panzer. Mein Gott! Ein Anblick, bei dem selbst unser großer Höllenhofhund Greif ganz klein wurde und aufs Normalmaß eines keuchhustenkranken Dorfköters schrumpfte. Das freute mich für ihn. (Denn erst vor kurzem hatte er bei einem seiner abendlichen Patrouillengänge ein Paar meiner vor der Tür stehengelassenen Gummistiefel aufgefressen und die Reste seiner Mahlzeit im Gemüsegarten verscharrt. Seitdem hatte ich eine dunkle Ahnung davon, was

er im Zweifelsfalle mit mir tun würde – und er war nicht mehr so richtig mein Freund.)
Die Freunde ... viel zu schnell war ihr Troß vorüber. Sie kamen vom Feldlager, unten, an der Elbe, wo man, wenn man Glück hatte, leere Büchsen und Flaschenscherben finden konnte, verstreut um schwarze, niedergebrannte Feuerstellen.
Die Telefonleitung hatte für diesmal gehalten. Langsam senkte sich der Staub – das Dorf verfiel wieder in seine nachmittägliche Lethargie: Stille, nur gelegentlich untermalt vom Scharren der Hühner, vom Knistern der Hitze.
Ich ging zum Schuppen. Dort, in einem kleinen Holzverschlag, hinterm Gitterdrahtfenster, hoppelte lebenslustig unser aktuelles Karnickel herum. Ich schob meine Hand in sein warmes Fell, zwischen die weich abknickenden Ohren. Es musterte mich nachdenklich aus seinem roten Auge und schnupperte aufgeregt in der Luft herum. Vielleicht roch es den Braten ja schon.
»Ist ja gut, Mucki«, sagte ich und stellte mir vor, wie sie ihm nächsten Sonnabend das Fell über die Ohren ziehen würden.
Dann stieg ich auf die hölzerne Brunnenabdeckung und sang den Schlager, den ich aus dem Radio kannte: »Die Sterne der Heimat sind immer dabei, in Rio, in Jawa und auch in Hawaii!«
Später, im Herbst, wird hinter dem Schuppen das Laub verbrannt. Wir rösten Kartoffeln in der heißen Asche, picken sie, wenn die Schale schwarz ist und von allein abspringt, mit spitzen Stöckchen heraus. Der Rauch des Feuers mischt sich mit dem Nebel, der abends vom Fluß aufsteigt und Kälte bringt.
Etwa hundert Kilometer flußaufwärts, und einige Jahre später. Ein ferner, warmer Sommertag. Wir haben Aufstellung genommen für ein Gruppenfoto, und zwar auf der Brühlschen Terrasse in Dresden, dem »Balkon Europas«, wie jemand mal schrieb. Uns zu Füßen liegt glitzernd die Elbe.

Ich bin der kleinste von allen und darf oder muß vorn stehen. Mir im Nacken also der ganze Clan: Eltern, Großeltern, Onkels und Tanten, Cousins und Cousinen und was sonst noch dazugehört. Meine Haare gescheitelt. Eine Fliege um den Hals. Ich trage die Popelinehosen meines Bruders, unten sind sie doppelt umgeschlagen.
Ein graues Schwarzweißfoto, das am Rand gezackt ist. Alle auf diesem Standbild lächeln unbewegt, so als wüßten sie genau Bescheid. Ich auch. Das ist aber Täuschung. Ich weiß gar nichts. Ich habe lediglich die spezielle Art meines Lächelns von einem meiner damaligen Vorbilder – Klaus, einem Vierzehnjährigen aus der Nachbarschaft – kopiert. Die Oberlippe wird dabei rechts hochgezogen, wodurch das Ganze zwar eher zu einem schiefen Grinsen wird und an Glaubwürdigkeit verliert; trotzdem, es ist lässig.
Im Hintergrund die Elbe. Für eine Hunderstelsekunde, für alle Ewigkeit dieses Familienfotos, steht sie still.
Eine geisterhafte Versammlung, die da einträchtig untergehakt den heutigen Betrachter betrachtet. Inzwischen hat sie sich längst aufgelöst, in alle Welt zerstreut.
Doch erst mal läuft der Film weiter, wir gehen – ich laufe, um einen guten Platz zu bekommen! – über den wippenden Anlegesteg an Bord. Unten schwappt braun das Wasser. Ich will überall sitzen: vorn, am Bug; oben, auf dem Oberdeck; oder, besser noch, an den Seiten, wo man die Schaufelräder sehen kann. Bis ich gar nicht mehr weiß, wohin, an der Hand genommen werde und wieder zurück in den Kreis der Familie gerate.
Der Ausflug beginnt – eine Schaufelraddampferpartie in die Sächsische Schweiz! Die Elbe hier ist anders als die, die ich kenne. Der Fluß hat sich seinen gewundenen Weg durch dieses Gebirge erst suchen müssen. Steter Tropfen höhlt den Stein. Und wenn der Stein, wie im Elbsandsteingebirge, aus Sand ist, entsteht ein Flußtal, wie es so leicht kein zweites gibt.

Die Höhenzüge an der linken Uferseite, die sich zunächst mit ihren Parks und Villen, Weinbergen und Pavillons dezent zurückgehalten haben, rücken, je weiter flußaufwärts es geht, immer dichter heran, bis sie sich schließlich in ein schroffes, steil aufragendes Felsengebirge verwandelt haben.
Eine wahrhaft märchenhafte Landschaft, wie schon – als einschlägiger Experte – Hans Christian Andersen befand, als er im Frühsommer 1831 diese Gegend bereiste.
Linker Hand, hoch oben, »grüßt« (so heißt es hausbacken und völlig zutreffend im Reiseführer) die Bastei. Rechts, mit seinen steinernen Zinnen und Wehren, ist der Königstein in die Landschaft gerollt.
»Das Elbtal macht das Haupttal dieser schweizerischen Gegend aus, und bestimmt den Abfall aller übrigen kleineren Täler und Felsengründe, so wie die immer niedrigere Abdachung der Berge mit ihren umliegenden Ebenheiten. Als sie das hohe Sandsteinfelsen-Ufer des uralten Landsees, dessen ehemaliger Grund jetzt das fruchtbare Böhmen ist, oben über Hirnisch Kretzchen durchbrach und ihren Strom von Südosten nach Nordwesten richtete, folgten ihrem Zuge alle kleineren Flüsse und Bäche, welche durch den Abfall der Fluten und der damit verbundenen Talbildung entstanden, und verbanden die Täler und Gründe, welche sie durchwühlten und erweiterten, mit dem Hauptttale.« So beschreibt Wilhelm Lebrecht Götzinger in seinem 1812 erschienenen Buch »Schandau und seine Umgebungen oder Beschreibungen der sogenannten Sächsischen Schweiz« die Entstehung des Panoramabildes, durch das wir hier andächtig fahren. Der Dampfer schaufelt sich tapfer gegen die Strömung voran. Das Wasser im Radwerk quirlt auf, schäumt weiß – und verrinnt.
In Bad Schandau geht es an Land.
Nach ortsüblicher Stärkung mit Eierschecke im Café am Marktplatz geht es los. Für diesmal steht die Besichtigung des Lichtenhainer Wasserfalls auf dem Programm.

»Die Niederungen um die Gebirge führen den Naturfreund bald in lachende romantische Täler, bald in wilde Felsengründe und Gruppen.« Auch hier liegt Herr Götzinger mit seiner Beschreibung, noch knapp zwei Jahrhunderte später, goldrichtig. Aufstieg also durch die finster bewaldete Schlucht des Kirnitzschtals.

Nach längerem Fußmarsch sind wir oben, endlich, und umstehen, die Hände vor den Bäuchen gefaltet, im feierlich schweigenden Halbkreis den Ort des Geschehens.

Der Wasserfallwächter kommt. Er zählt erst mal durch.

Zum Glück sind wir, was die Anzahl betrifft, in ausreichender Menge vorhanden und entsprechen in etwa den Ausmaßen einer normalen Besuchergruppe. Der Wasserfallwächter nickt und zieht an der Leine: das Naturwunder Lichtenhainer Wasserfall, einer der merkwürdigsten Zuflüsse der Elbe, nimmt seinen Lauf – rauschend stürzt das Wasser talabwärts.

Schnell werden die Fotos geknipst.

Von langer Dauer ist dieses »Naturschauspiel«, das solch einen Namen ja auch wirklich verdient, nämlich nicht. Bald schon tröpfelt nur noch ein schmales Rinnsal über die hervorspringenden Steine.

Ratternd wird der Schleusenkasten vom Wärter geschlossen – Ende der Vorstellung! Nun kann sich oben im Auffangbecken wieder Vorrat genug für den nächsten Wasserfall und die nächsten Touristen sammeln. Sinnreich arbeiten Natur und Mensch (sprich: sächsischer Erfindergeist) hier Hand in Hand. Überhaupt, das merkt man auf Schritt und Tritt, ist die Sächsische Schweiz ein seltsam domestiziertes Gebirge. Wenn man sich irgendwo hinsetzen will, wartet schon gleich eine Ruhebank mit Aussicht ins Elbtal. Ist der Aufstieg zu steil, sind bestimmt bequeme Stufen in den Stein gehauen, manchmal ist auch eine Leiter angelehnt. Weiß man partout nicht weiter, steht sicher im nächsten Moment ein Wegweiser im Weg und weiß ganz genau, wohin: Lohmen – 15 Minuten.

Und wenn man vor lauter stiller Begeisterung (»Guck mal, da unten, die Elbe!«) von einem der abgeschliffenen Felsplateaus ins Tal fallen will, schützt einen garantiert ein – sehr angebrachtes – Geländer aus Eisen.
Später bin ich noch oft dort oben gewesen. Manchmal allein, manchmal mit Freunden. Aber immer, das merkte ich bald, war ich auf der Suche nach etwas. Wer weiß, was ich dort oben verloren habe.
Einmal, das war in den großen Ferien. Wir waren Halbwüchsige, und es hielt uns nichts auf den ausgeschilderten Pfaden. So kamen wir planvoll vom Weg ab. Kletterten, rutschten zwischen Felsen und mickrigem Nadelgehölz eine bemooste Schräge, gescheckt von Sonne und Schatten, abwärts.
Immer weiter, immer tiefer hangelten wir uns über schmale, klaffende Felsspalten, die feuchte Kühle verströmten, überwanden mit einem Satz die Reste eines Zauns – und plötzlich saßen wir fest: Steil ging es von hier nur noch bergab.
Wir wollten gerade umkehren, da donnerte ein Schuß durchs Tal. Pulverdampf stieg auf, ganz in der Nähe.
Schräg unter uns war ein unglaublicher Mann aus dem Felsen hervorgetreten. Er trug einen weitkrempigen Hut und ein grünes Jägergewand, über seiner Schulter hing eine Flinte – und nun begann er auch noch lauthals zu singen.
Wir klammerten uns am Felsen fest, duckten uns in eine Nische.
Der Abstieg bis hierhin, natürlich, war mit dem Rücken zum Tal erfolgt, so daß unsere Blicke stets nur die nächste, hoffentlich trittsichere Stelle gesucht hatten. Jetzt wandten wir uns vorsichtig um und sahen, daß wir als unfreiwillige Statisten in der Naturkulisse der Felsenbühne Rathen saßen beziehungsweise hingen, schwindelhoch oben und zum Glück unbemerkt: zwei Naturburschen – in Lederhosen und in einer Rolle, die im Textbuch des »Freischütz« sicher nirgendwo zu finden ist.

Im Sommer 1983 kam ich der Elbe unheimlich nahe. Näher, als es mir lieb sein konnte.
Standort meines Reservistendienstes bei der Nationalen Volksarmee war Havelberg, unweit des Zusammenflusses von Elbe und Havel gelegen. Eine Stadt, die – glaubt man Fontane – sehr sehenswert sein muß. Ich mußte das damals meinen Samstag für Samstag vom Ausgang zurück in die Kaserne torkelnden Kameraden glauben. Havelberg kenne ich bis heute nur vom Hörensagen. Regelmäßig befand ich mich an den Wochenenden im – zumindest für mich – unerklärlichen Zustand der Ausgangssperre und war mit der Sauberhaltung des Appellplatzes beschäftigt.
Zum Glück aber gab es die NATO! Mit ihren Attacken schaffte sie es immer wieder, uns aus dem trostlosen Tarngrau des Kasernenalltags herauszureißen:
N-a-c-h-t-a-l-a-r-m! Die Flursirene heult uns aus dem Schlaf. Runter vom Hochbett. Das ganze Gerümpel aus dem Spind gerissen und irgendwie am wackligen Körper verteilt.
Raustreten, schlafwandlerisch Aufstellung nehmen.
Der Hauptmann im Flur schreitet die Front seiner Nachtgespenster ab. Mit wehmütigem Blick korrigiert er kleine Unregelmäßigkeiten im äußeren Erscheinungsbild. Dann stellt er sich unter die schwarze Blechlampe, setzt die Lesebrille auf und verliest nachts um halb zwei den Tagesbefehl: Feindliche Truppen haben die Linie Schwerin – Stendal durchbrochen und bereiten sich darauf vor, die Elbe im Raum Havelberg zu überschreiten.
Au, Donnerwetter – das ist ja gleich bei uns in der Nähe! Ein Pfiff – runter zu den Fahrzeugen. Wir sitzen auf.
Diese heimtückische Attacke muß natürlich sofort vereitelt werden.
Das Kasernentor öffnet sich, wir rollen hinaus in die schwarze Nacht.
Mein Fahrer ist Lotte. Er kann mich nicht leiden. Und was ich von ihm halte – das ist und bleibt mein militärisches Geheimnis.

Tagsüber putze und flimmere ich daher meist – so kommen wir uns nicht in die Quere – unser Fahrzeug, daß heißt, ich krieche mit einer kleinen Plastehandwaschbürste aus der Armee-HO des Objekts auf dem grünen Kasten, dem »Eisenschwein«, wie es in Fachkreisen heißt, herum; damit alles blitzt, ehe wir damit wieder im nächstbefohlenen Schlammloch versinken.
Es ist ein Pontonfahrzeug. Einmal, beim Schrubben, erinnere ich mich: Genau so eine Kiste war das doch, die früher, an der Elbe meiner Kindheit, im Uferschlamm lag und als Anlege- und Angelplatz diente. Wahrscheinlich ein wegen Rost oder Beulen vorzeitig ausgemusterter Ponton der Roten Armee.
Irgendwann in dieser Manövernacht haben wir unsern Bereitstellungsraum erreicht. Hinter dem Elbwall, auf einer nassen Wiese.
Motor aus, Stille.
Wir hören – leise – NDR. Da sind wir, was die Machenschaften des Gegners betrifft, stets auf dem laufenden.
Lotte furzt. Ich schweige. Die Lage ist ruhig, aber ernst.
Juliane Werding singt – irgend etwas, schwer zu dechiffrieren, von einem »andern Ufer der Nacht«. Draußen dämmert es langsam.
Und dann, gerade waren wir eingedämmert, geht es los!
Die Kisten springen an, und in Kolonne nähert sich unsere Ponton-Kompanie der Elbe. Der erste Ponton-LKW stoppt, fährt rückwärts ans Ufer heran, während der Beifahrer (in diesem Fall: ich) vom Fahrerbock springt, um den klobigen, dieselnden Kasten herumrennt und mit dem Pioniereisen die Verankerung löst. Sie löst sich – jetzt rutscht der Ponton ins Wasser, klatscht auf und klappt auseinander.
Wir Pioniere erklimmen das Eisenfloß, verbinden Teil 1 mit dem nächsten ins Wasser rutschenden Teil. Und so der Reihe nach durch.
Die Elbe tut ein übriges: sanft schiebt ihre Strömung die Brücke über den Fluß. Schließlich steht die Verbindung, schwankend zwar, zum anderen Ufer.

Hat der Hauptmann alles richtig berechnet – Flußbreite und Zahl der benötigten Pontons –, ist nun der Weg bereit für die Panzer, die aus dem Hinterhalt der 2. Linie vorstoßen und den Fluß überqueren, um drüben die Sache – ratz-batz – zu entscheiden.
So geht es. Wenn es so geht.
Diesmal klemmt was. Ich kriege und kriege die Verankerung nicht los, kämpfe heldenhaft (= wie ein Irrer), schon steht mir die Elbe bis zu den Knien, bald bis zum Bauch.
Lotte schreit, er kann den Wagen kaum noch auf Position halten.
Der Hauptmann am Ufer rennt auf und ab und ringt die Hände. Ich hänge am Kasten und ringe unbeirrt mit der Materie. Das Wasser steht mir bis zum Hals, schwappt in den Kragen. Tief stecken die Stiefel im fauligen Schlamm.
Gleichgültig umspült mich die Elbe. Und ganz kalt. Oder ist das nicht längst der sagenhafte Fluß Lethe, zwischen Diesseits und Jenseits, der Fluß des Vergessens?
»Man steigt nicht zweimal in denselben Fluß«, prophezeite schon Heraklit, der Weise aus Ephesos.
Doch bevor ich an diesem grauen Septembermorgen, irgendwo bei Havelberg, diese klassische Sentenz um eine schwarze Pointe bereichere, sprich: ihr durch nassen Heldentod einen unerwarteten Hintersinn gebe, klammere ich, in letzter Not, mich doch lieber irgendwo fest, an einem Hebel, der auch sofort umklappt – und, endlich, endlich, die Kiste rutscht. Es klappt, der Ponton klappt auseinander.
Ein letzter Schwall Wasser und Dreck über mich!
Meine klatschnassen, aber lebenden Überreste kriechen ans Ufer.
Dort werden wir schon erwartet.
»Du Idiot, Mensch, wie oft soll ich noch sagen – erst die Sicherung lösen!«
Da würgt der unbekannte Soldat, der vor dem Hauptmann am Boden liegt, einen tiefen Schluck Elbe aus sich hervor.

Fluß mit vier Buchstaben. Und der erste und der letzte ein E – wie Erinnerung.
Die Elbe ist mein Erinnerungsstrom. Sie fließt durch mein Leben. Solange ich zurückdenken kann.
Doch ich bekomme ihr Bild nicht mehr richtig zusammen. Ich kann es nicht festhalten. Es fließt mir auseinander. Wie Tinte. Oder wie Wasser. Das Bild verschwimmt. Bruchstücke, blinkende Scherben von Licht, die auf dem Wasser treiben.
Mal, im Flachland, ein breit und träge dahinfließender Strom; mal, im Gebirge, viel eiliger, entschlossener, denn es geht abwärts. Nie ein reißender Fluß, oft genug aber hinreißend: bei Pillnitz im frühen Sonnenlicht, auch bei Meißen am Mittag. Oder, abends, irgendwo hinter Dessau, in Nebel gehüllt – bis das andere Ufer verschwindet.
Ach, Elbe, du meine Verflossene! Am ehesten gleicht dir wohl ein Bild, das unaufhörlich entsteht. Und zerfließt.

Jörn Vanhöfen

Die Elbe. Fluß durch die Zeit

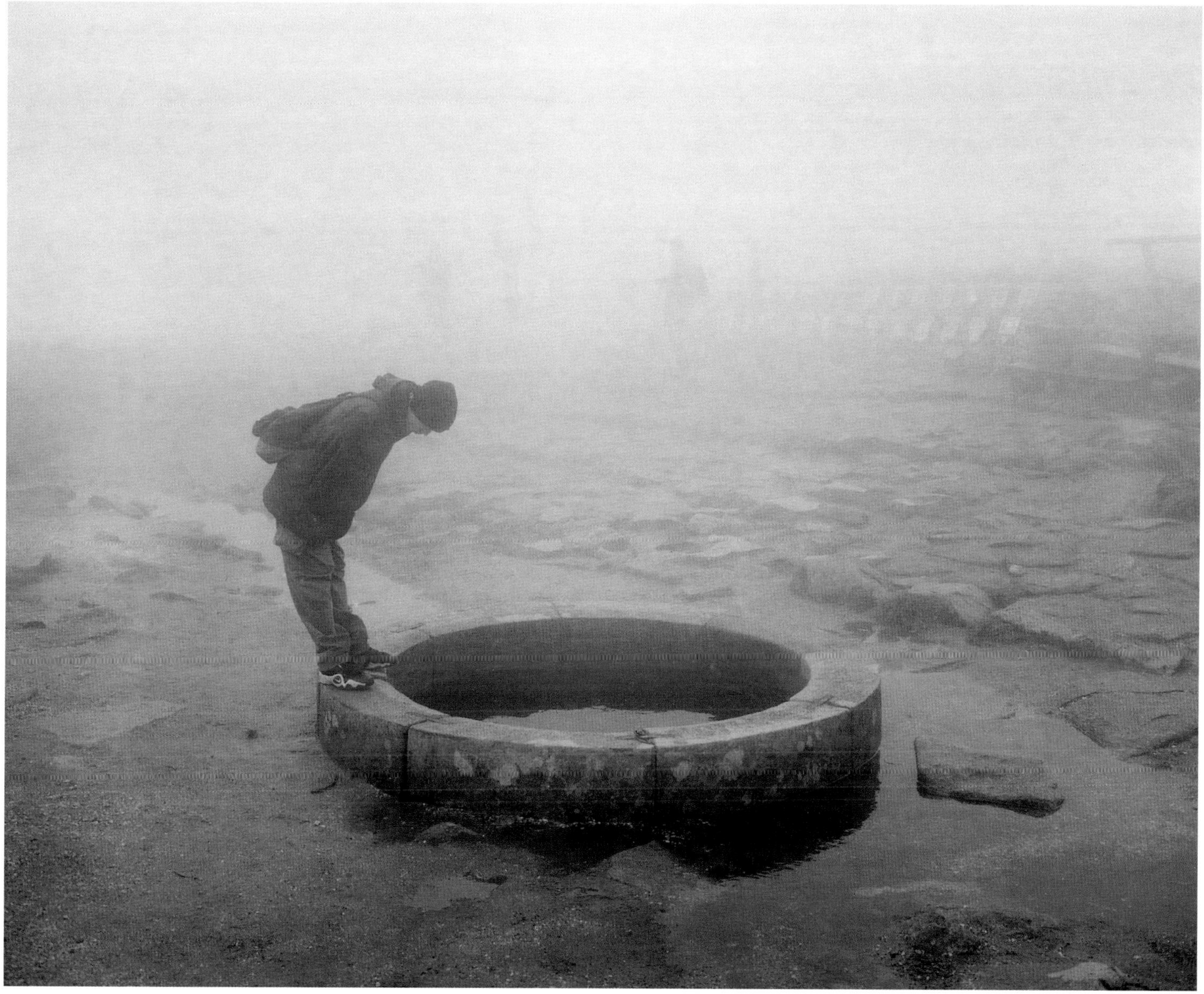

Die Quelle   The source of the river   La source

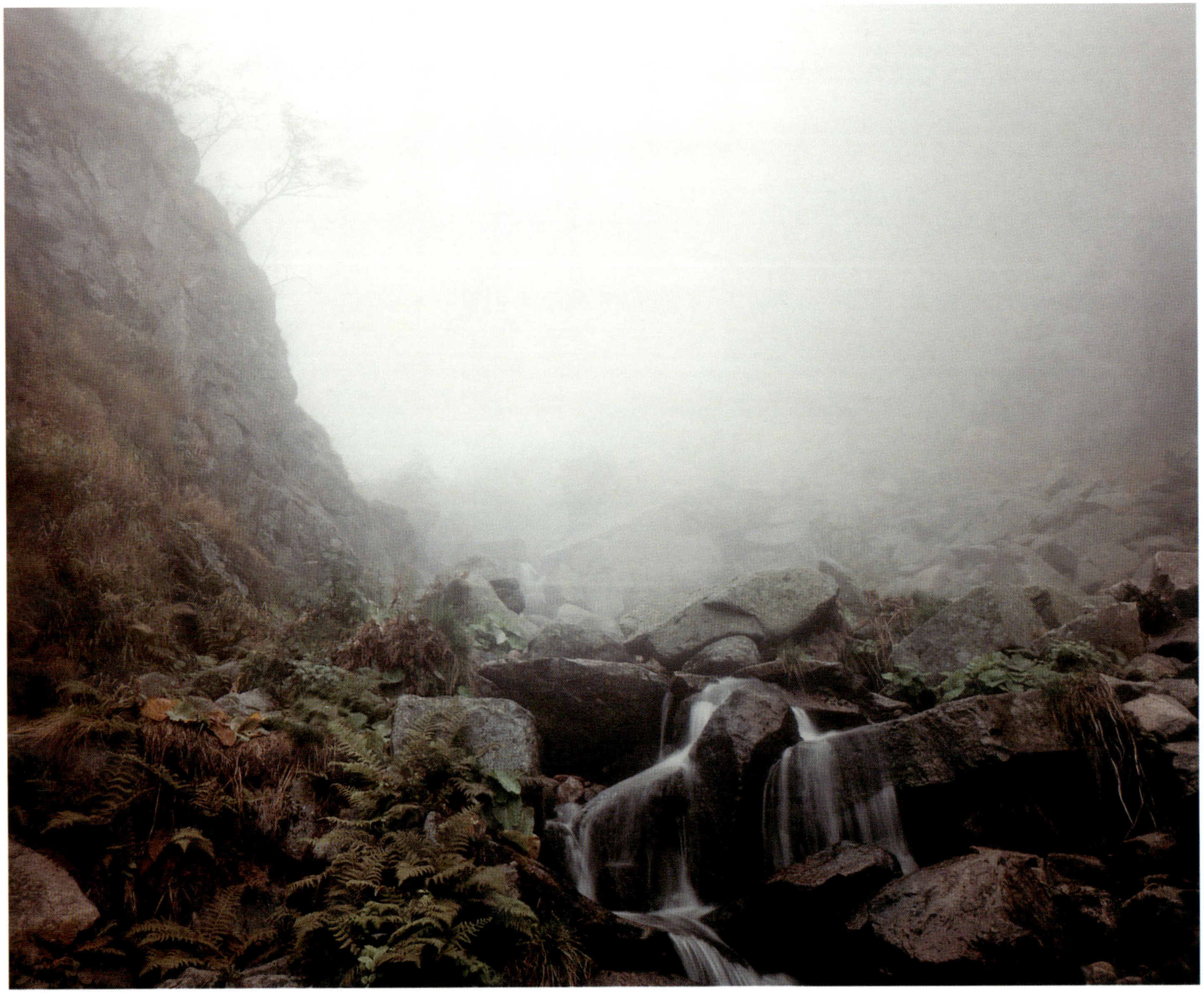

Der Elbfall The waterfall of the Elbe Les chutes de l'Elbe

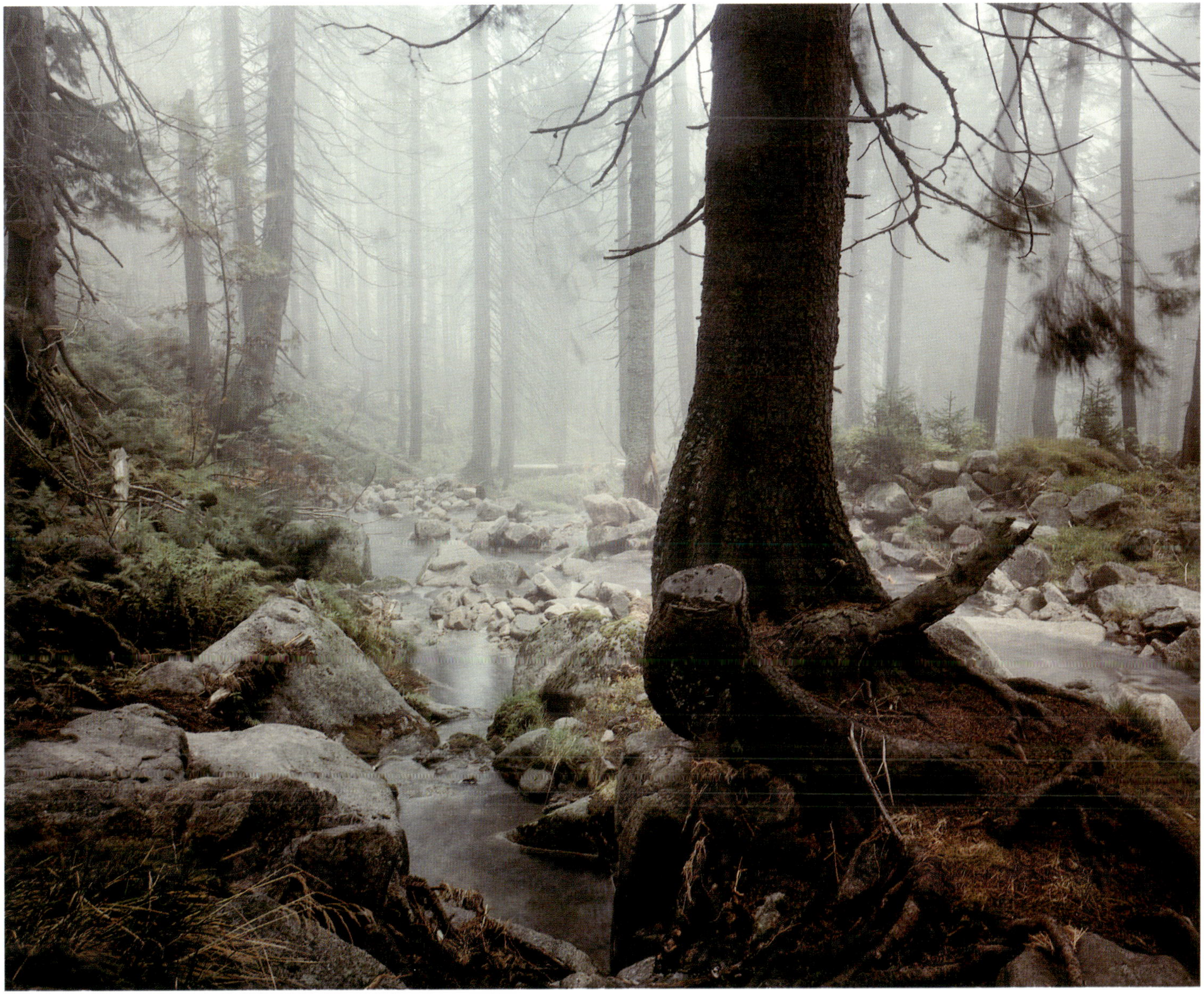

Der Elbgrund   The region of the river source   Région de la source

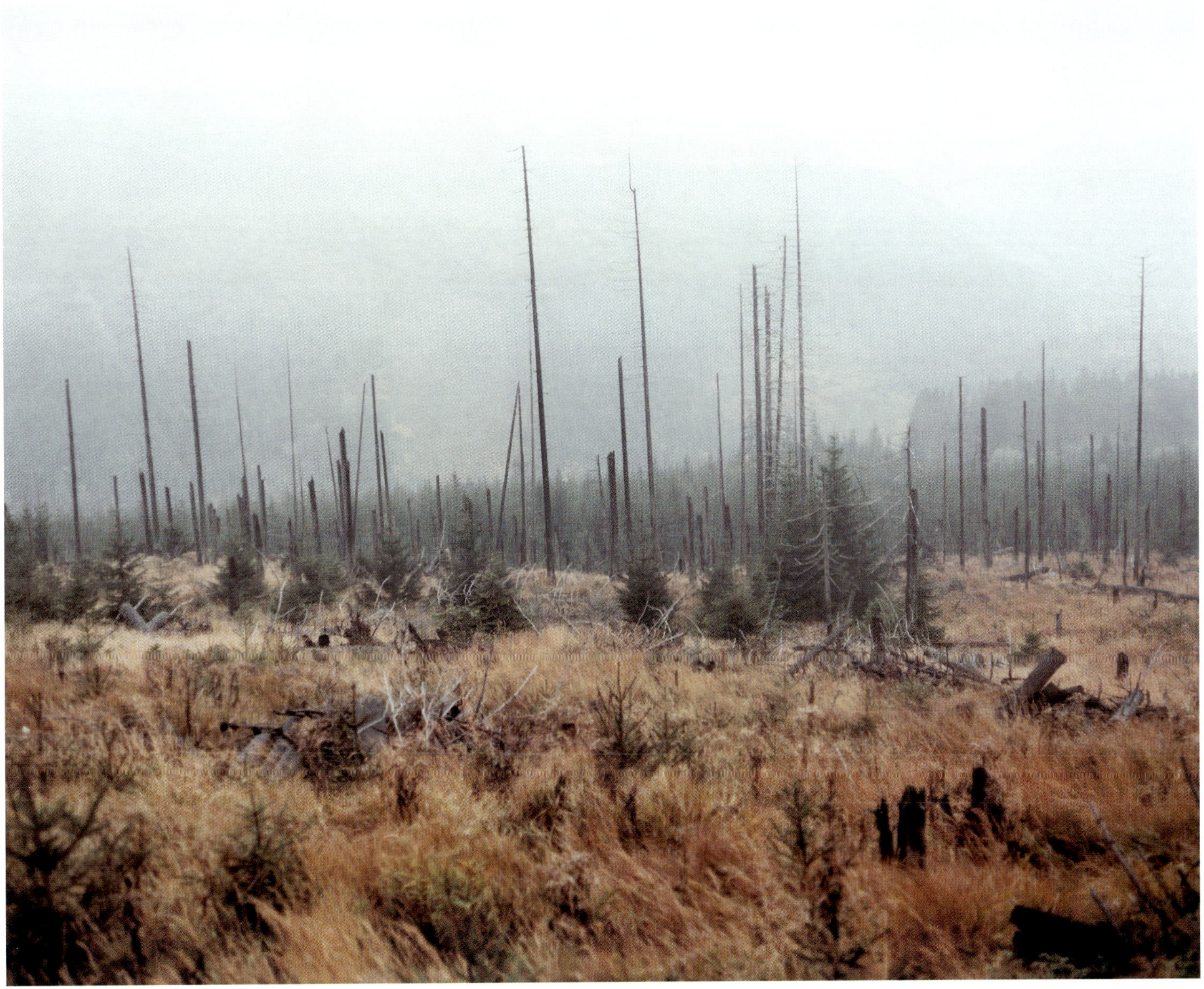

Riesengebirge The Giant Mountains Les Montes de Géantes

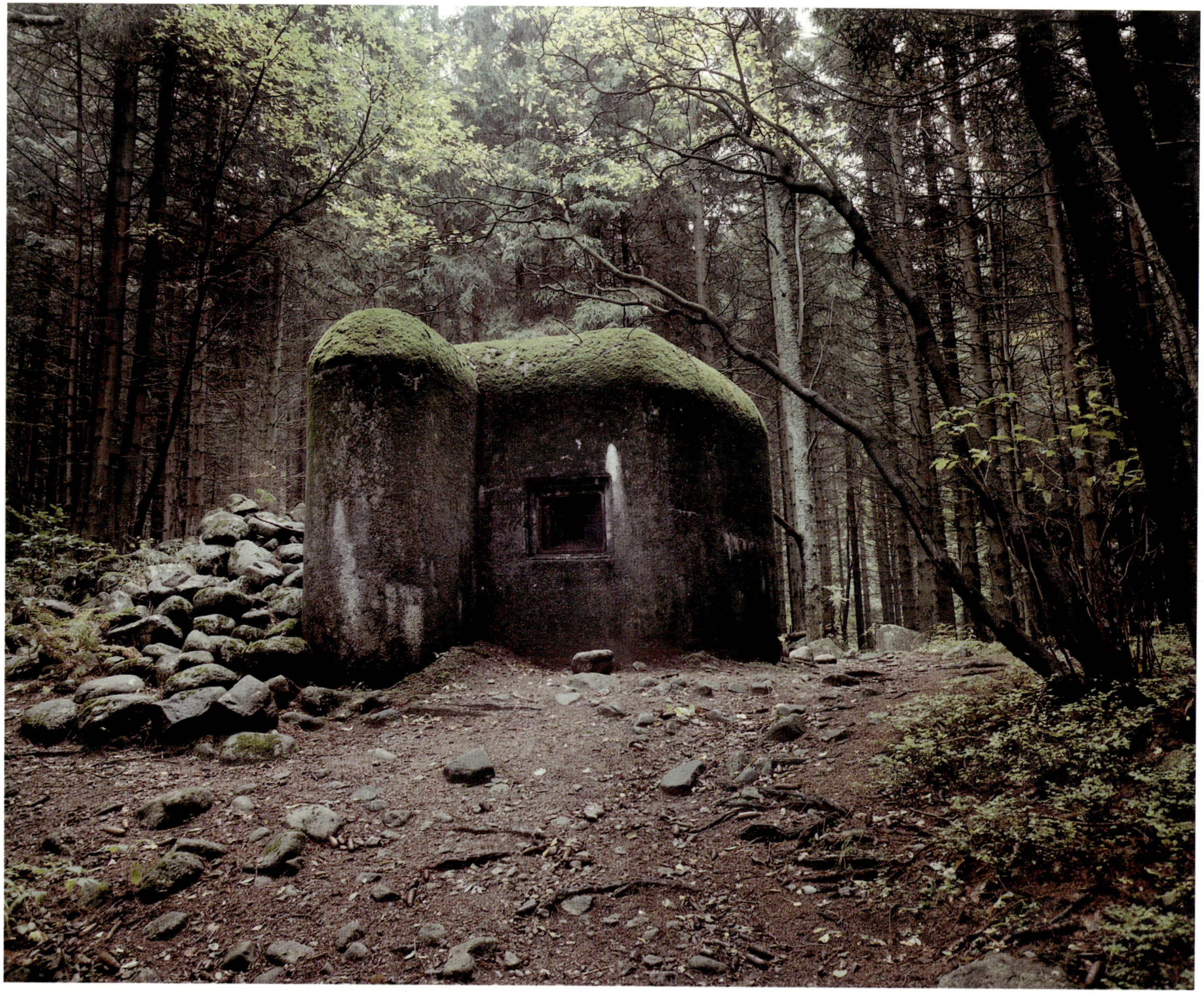

Tschechischer Bunker Czech bunker Bunker tchèque

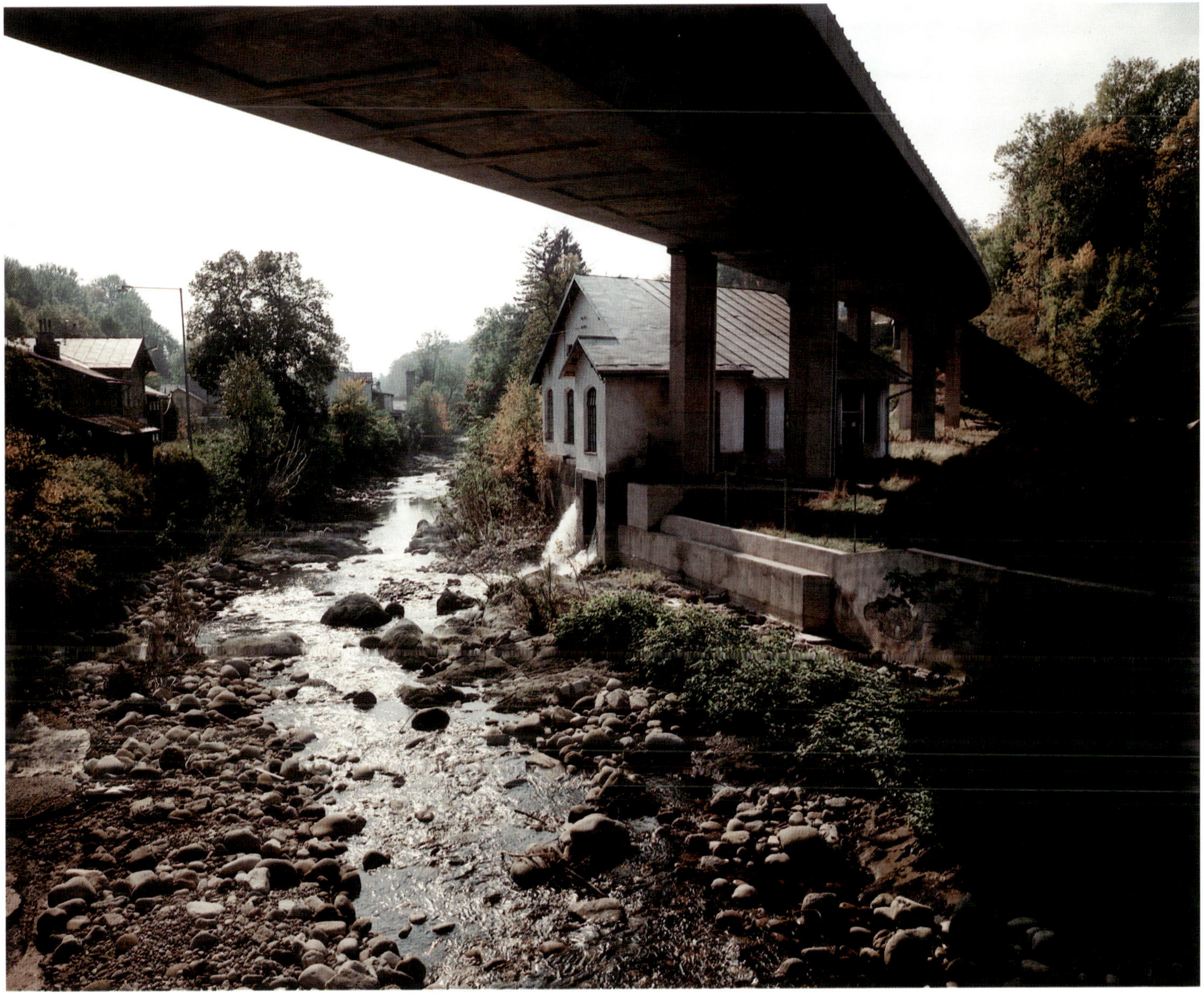

 Vrchlabí

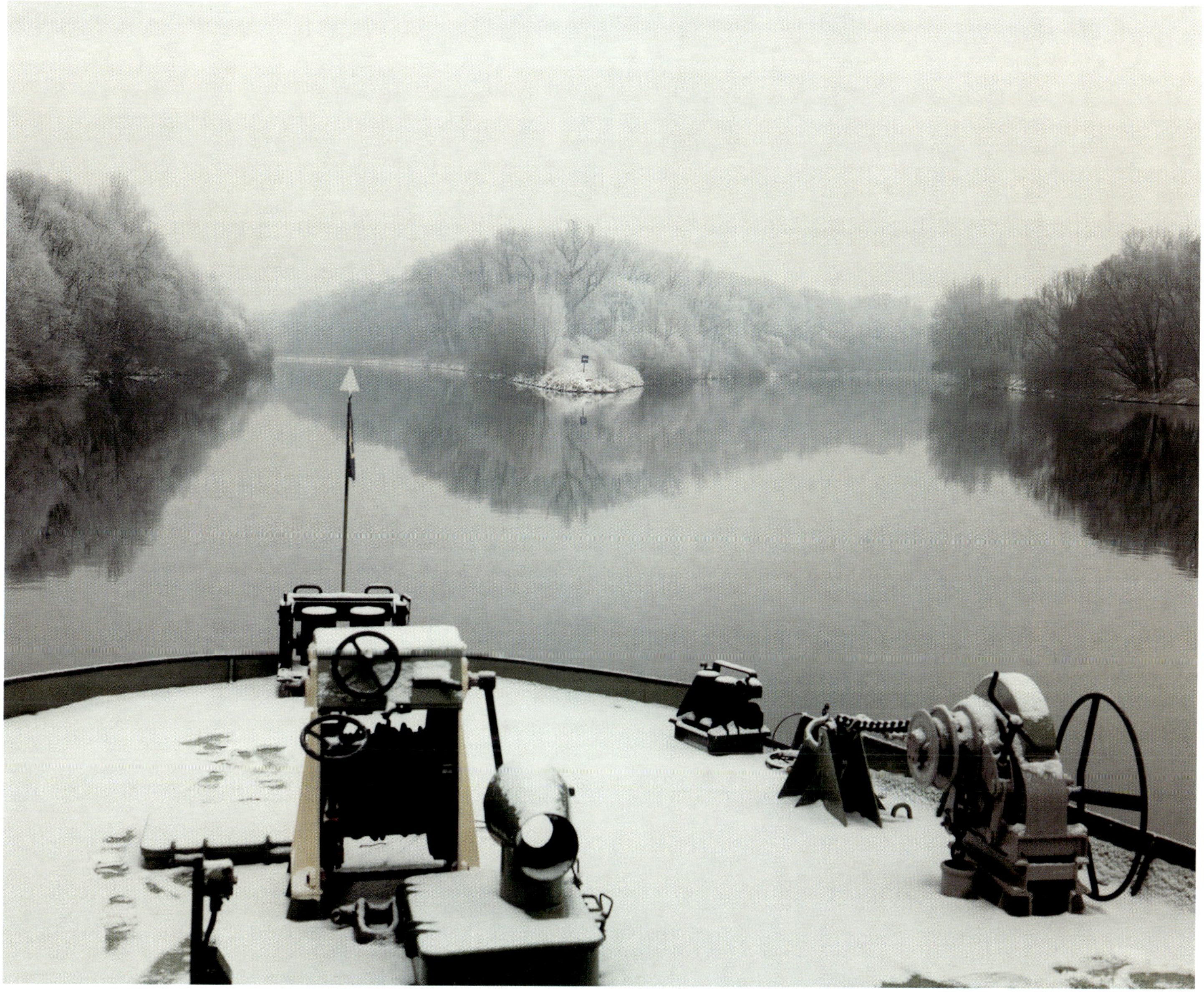

 Elbe und Moldau   Elbe and Vltava   L'Elbe et de la Moldava

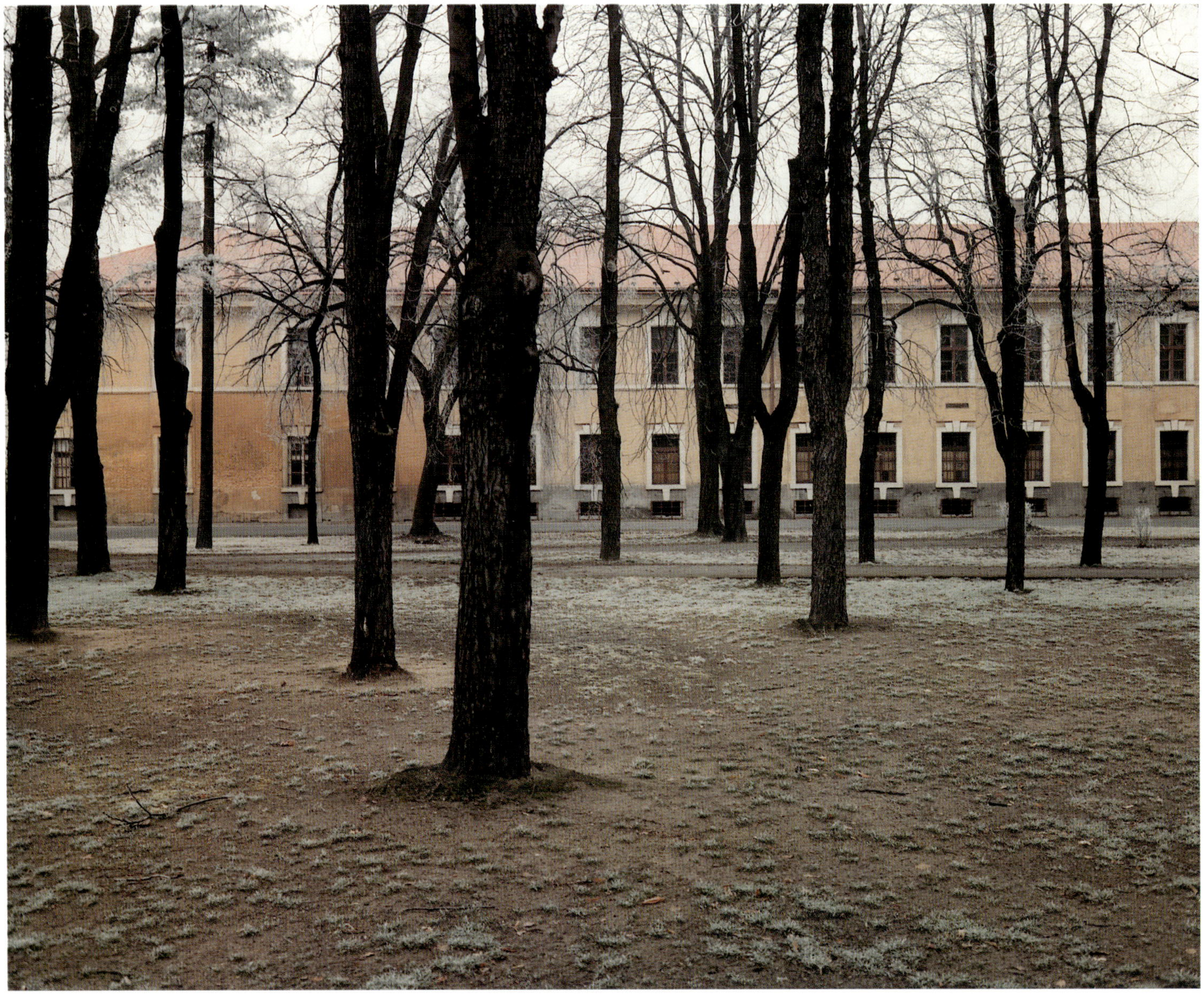

Theresienstadt

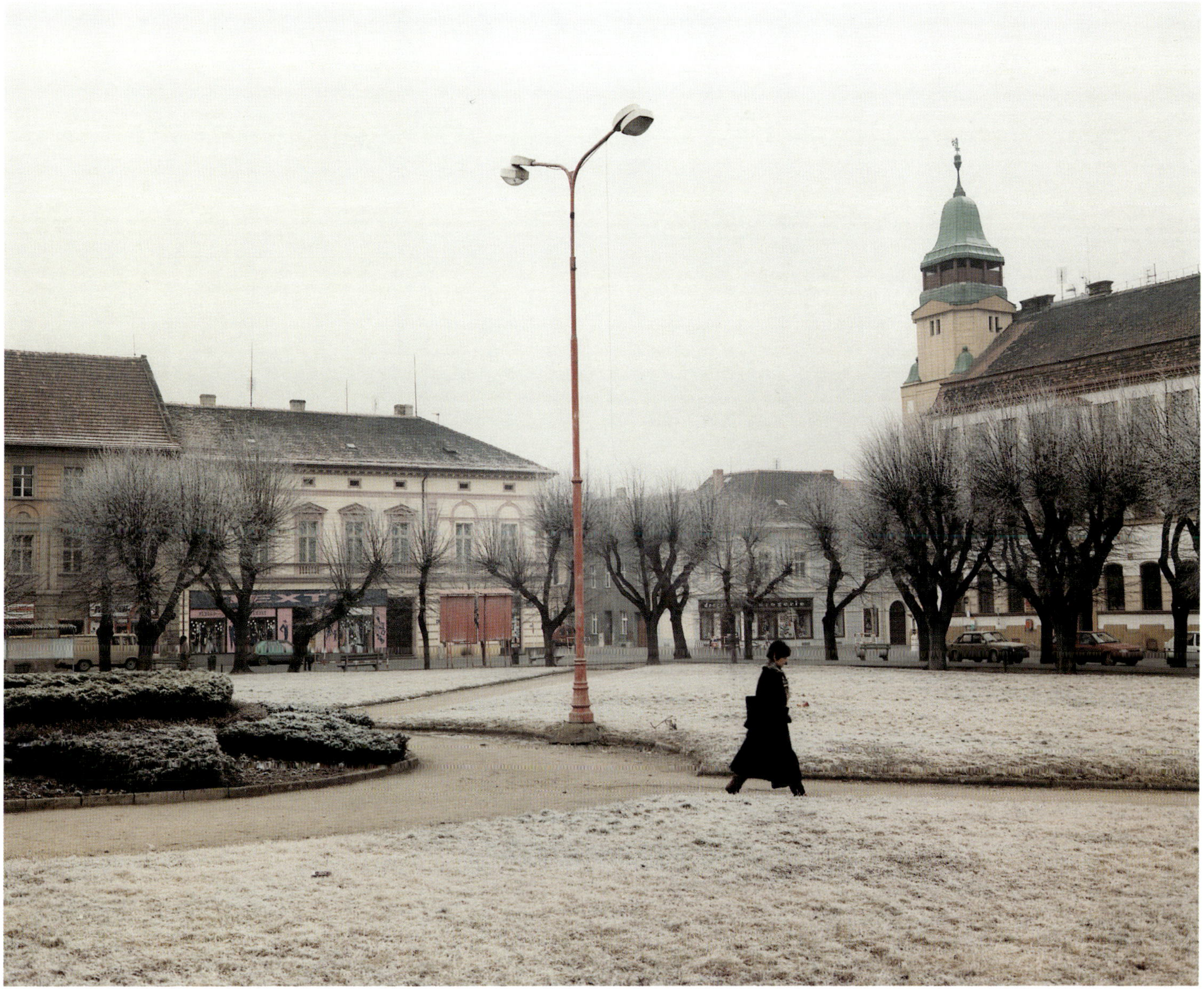

 Theresienstadt

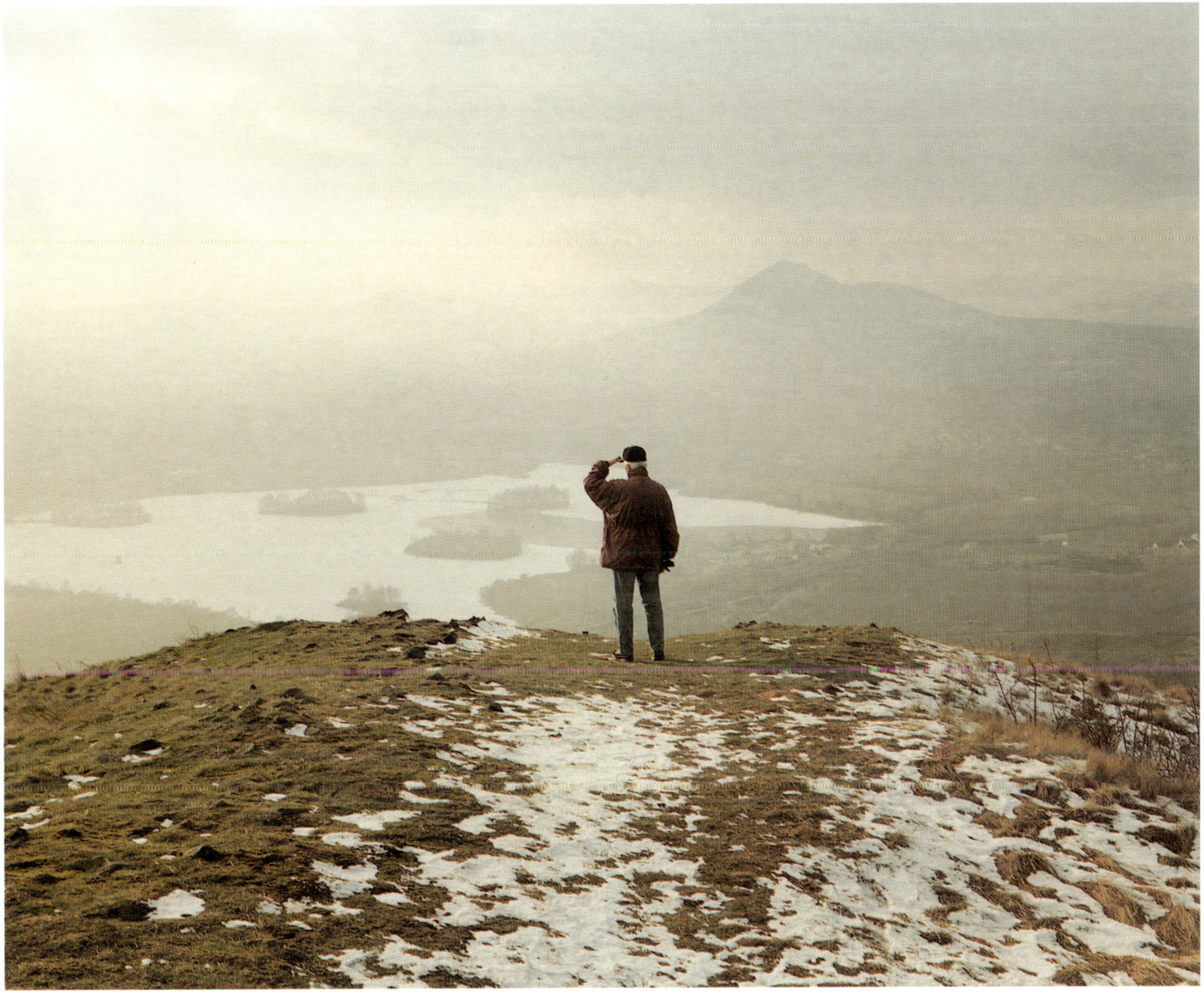

Bei Litoměřice Near Litoměřice Près de Litoměřice

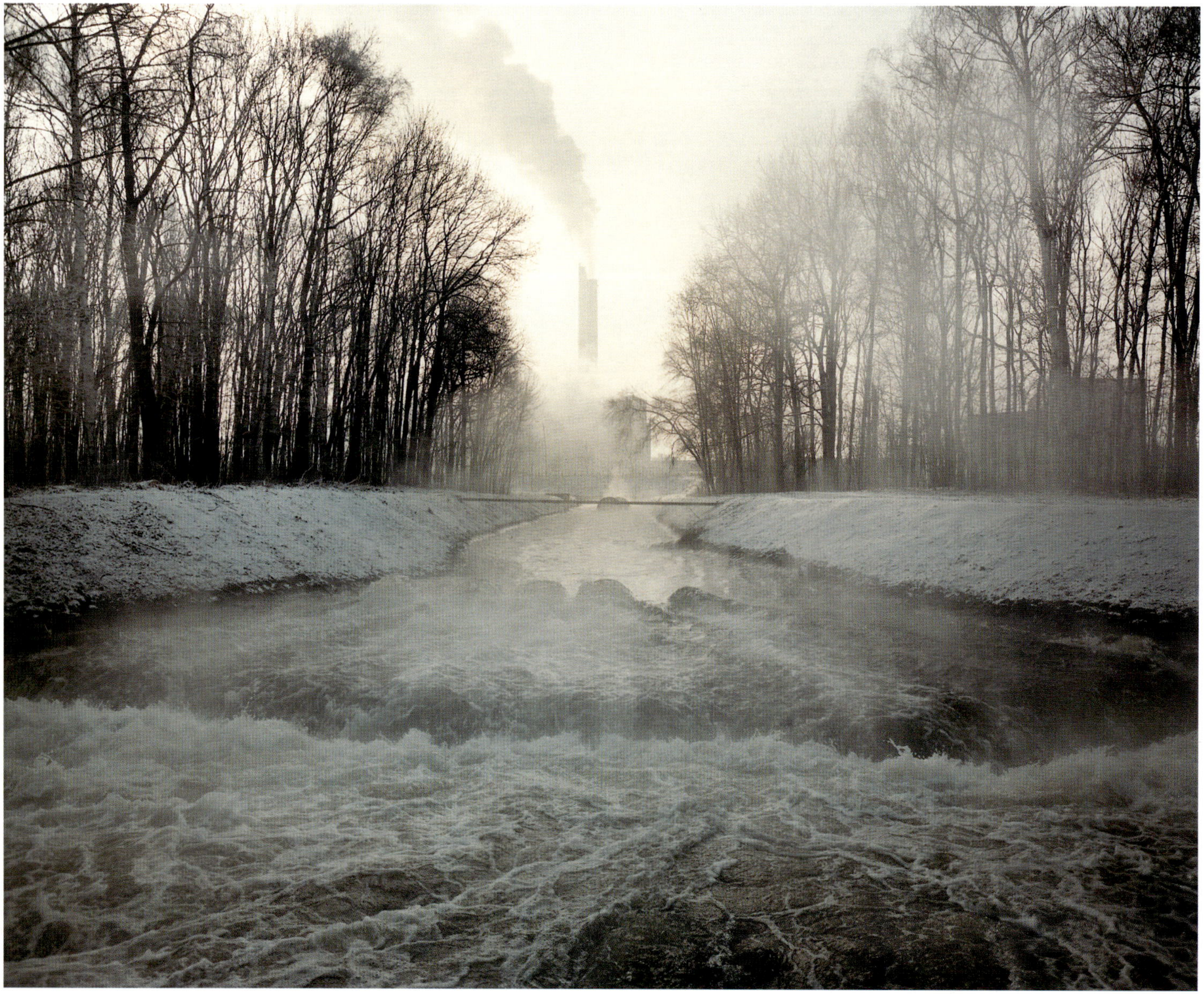

Kraftwerk bei Mělník   Power station near Mělník   Centrale électrique près de Mělník

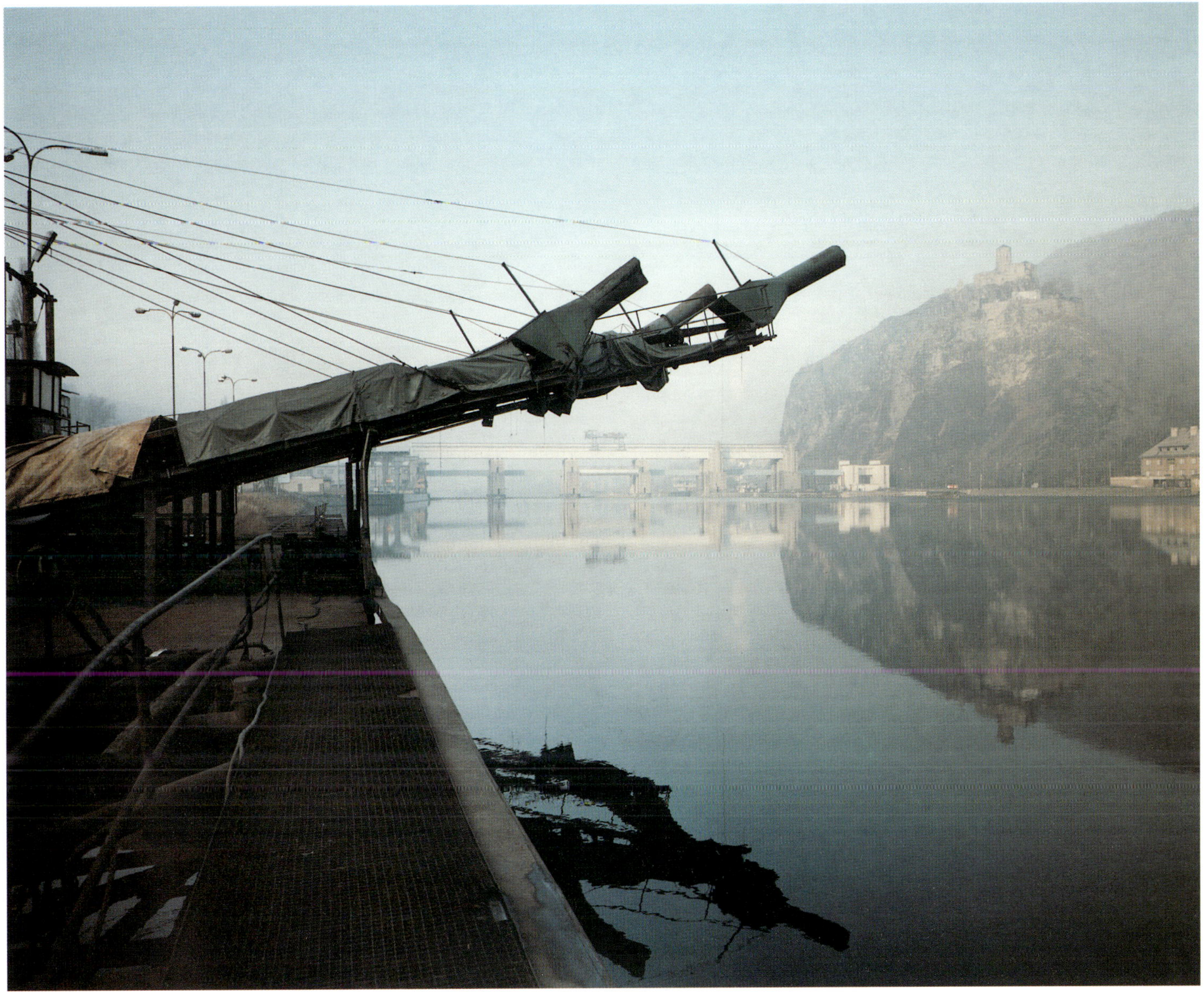

 Ústí nad Labem

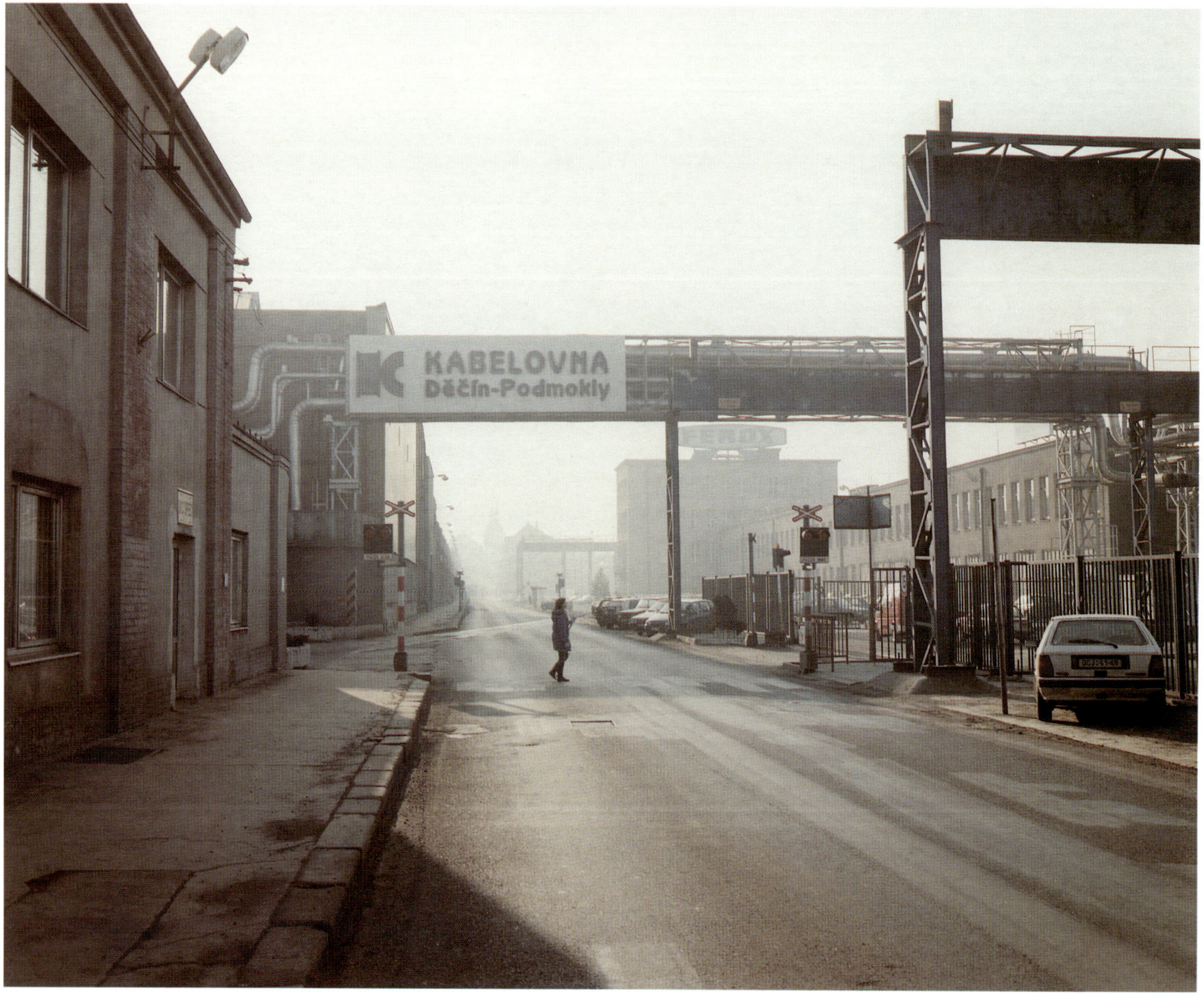

Děčín

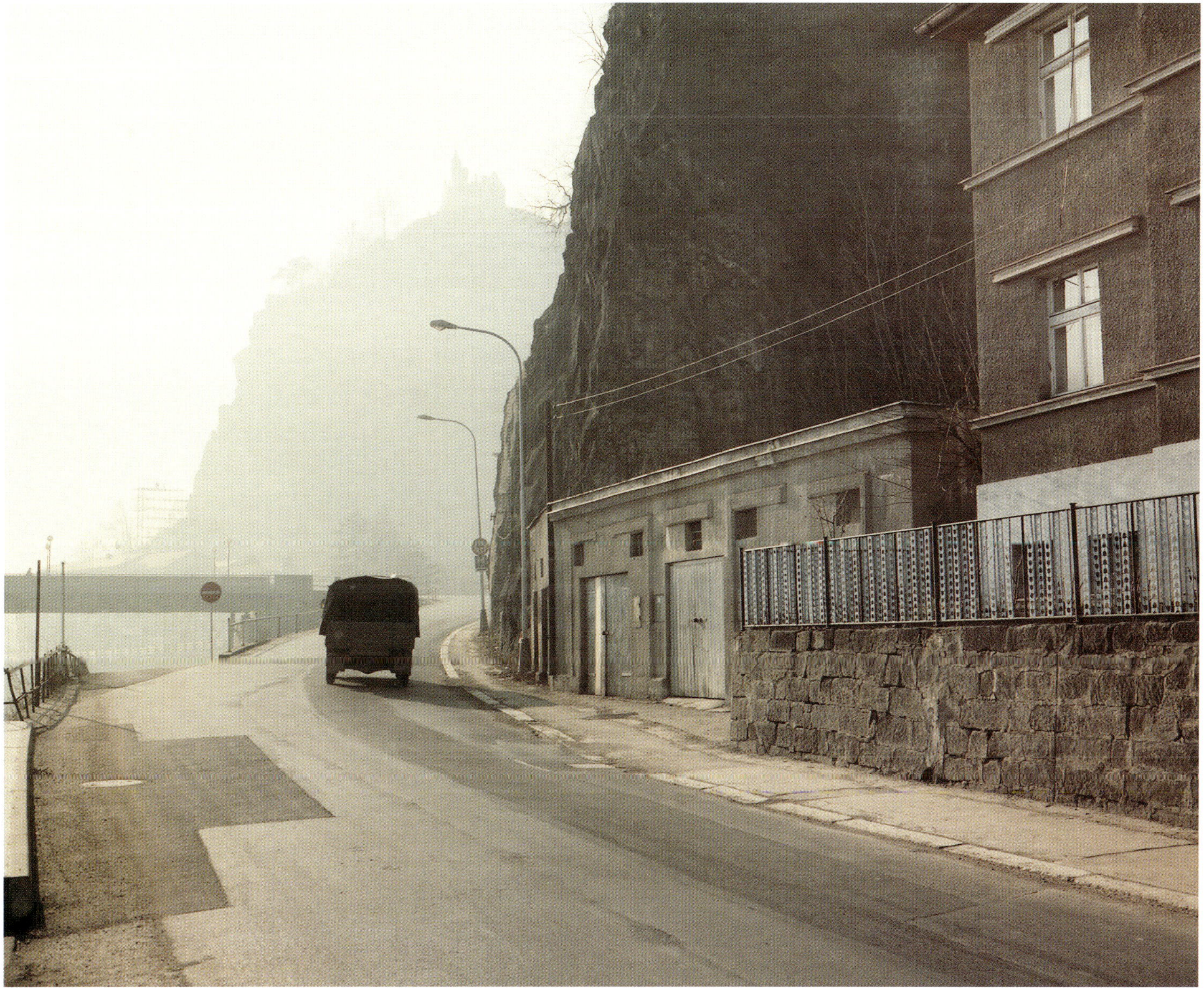

 Děčín

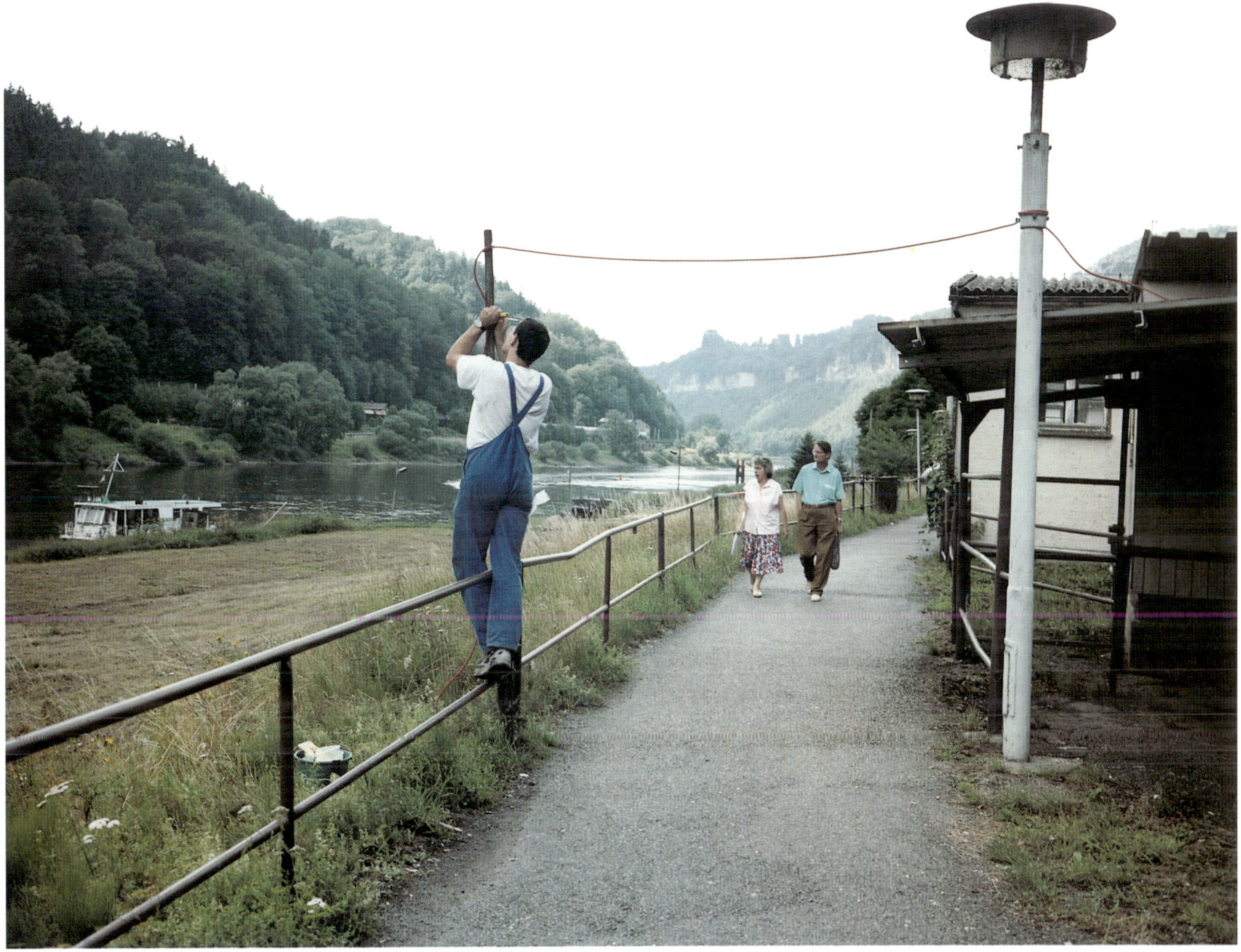

 Schmilka, Grenzstation   Schmilka, border station   Station frontière de Schmilka

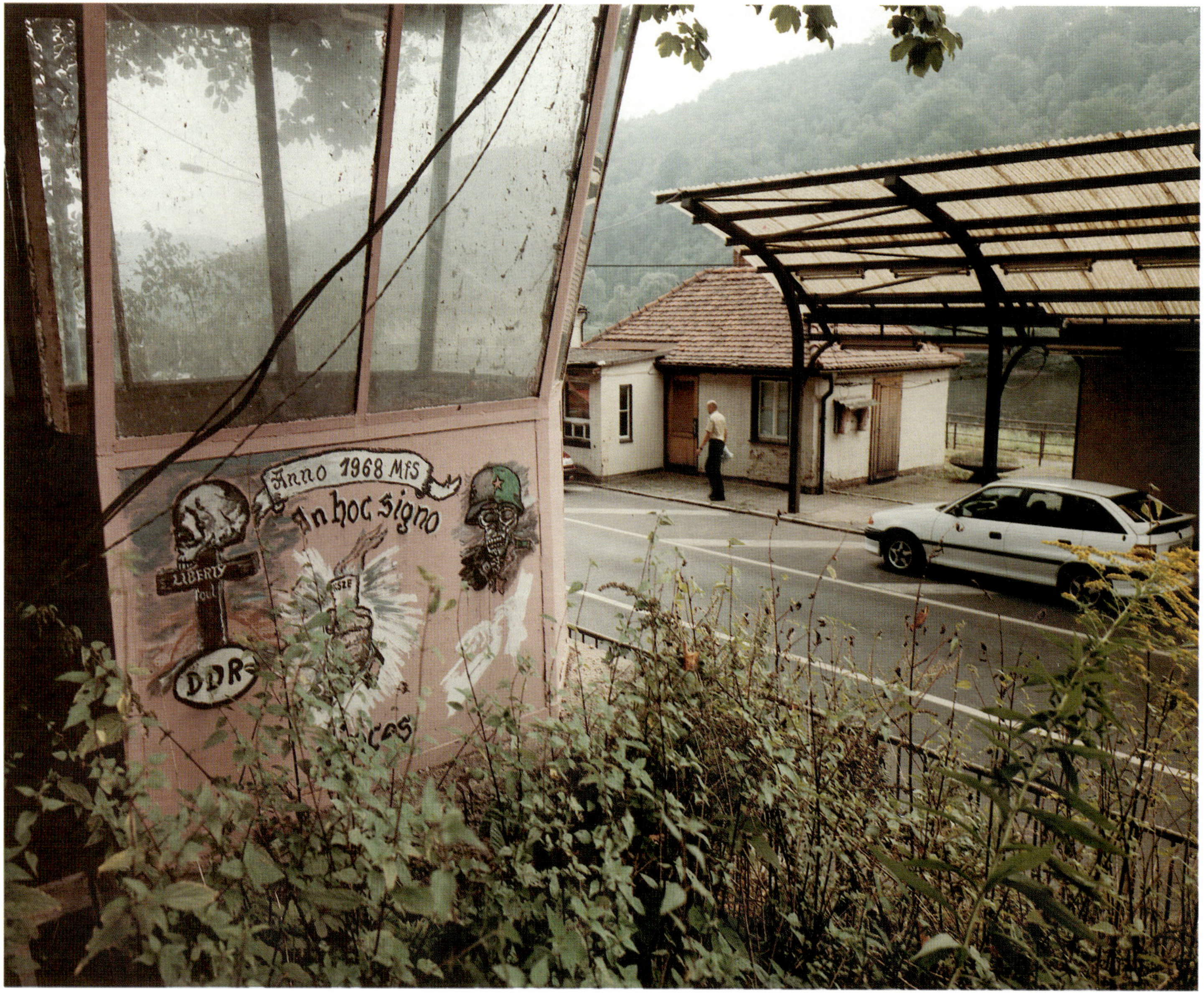

Schmilka, ehemalige Grenzstation   Schmilka, former border station   Ancienne station frontière de Schmilka

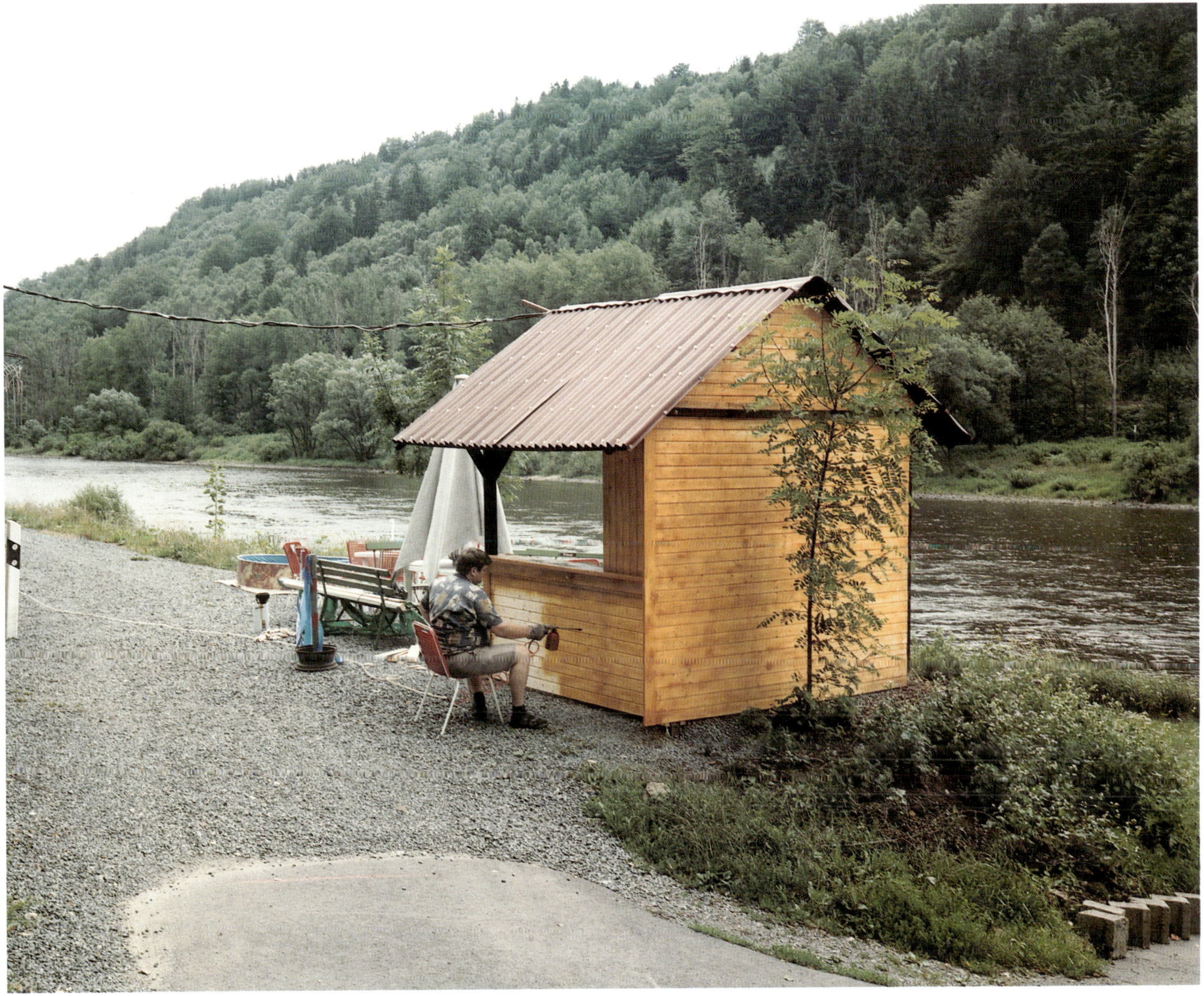

Schmilka, Campingplatz   Schmilka, camping site   Schmilka, le terrain de camping

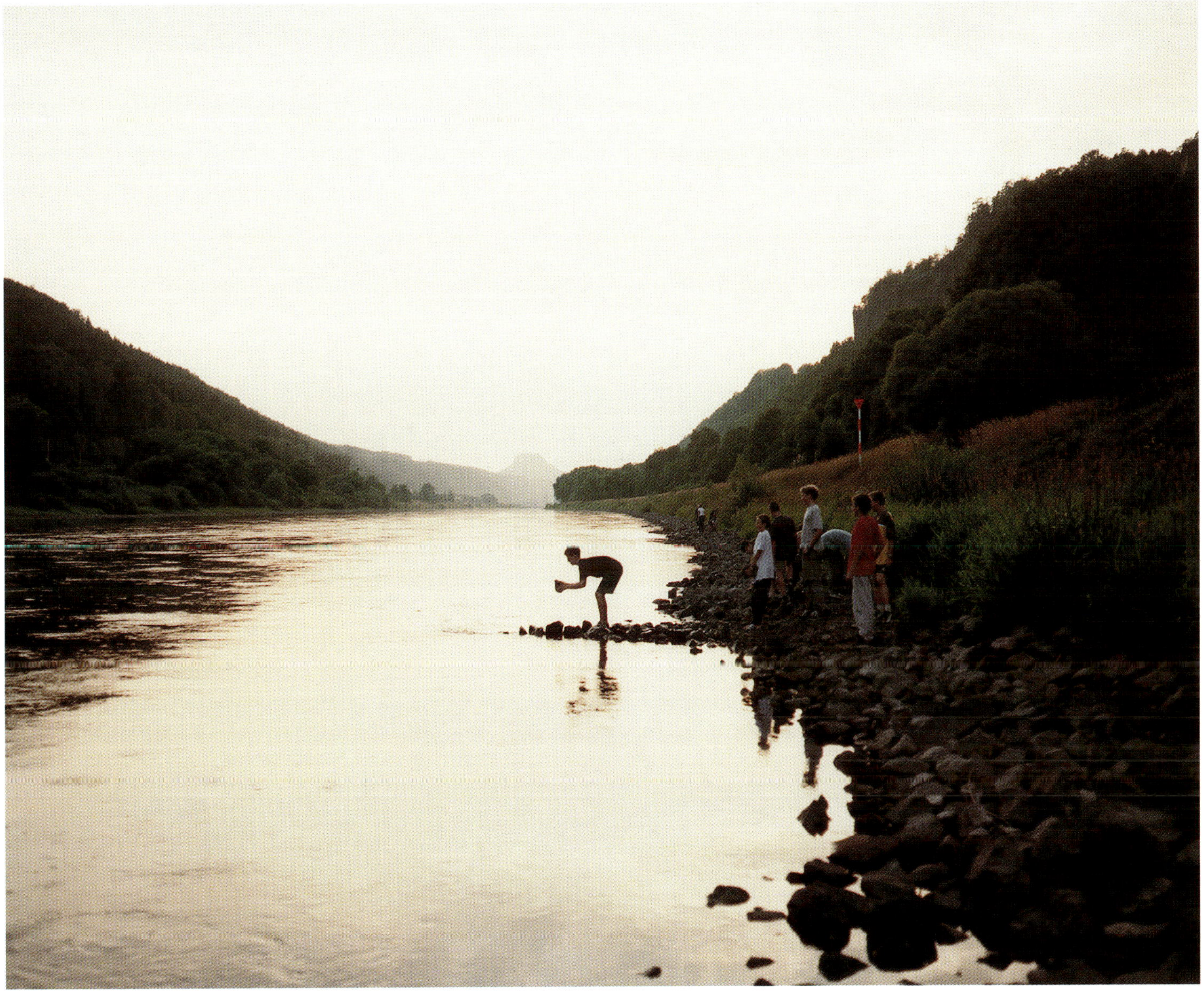

Bad Schandau

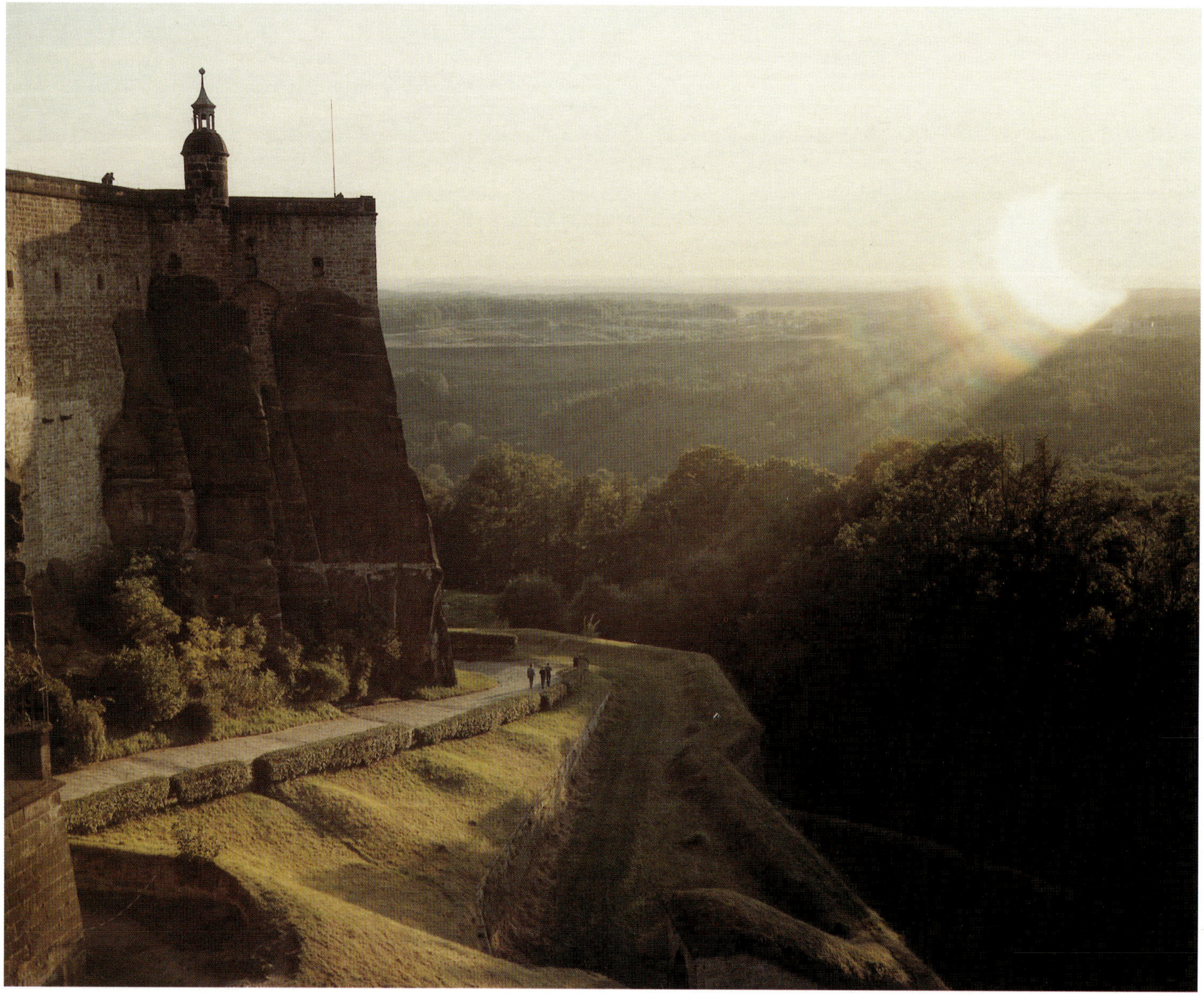

Festung Königstein Königstein Fortress Forteresse de Königstein

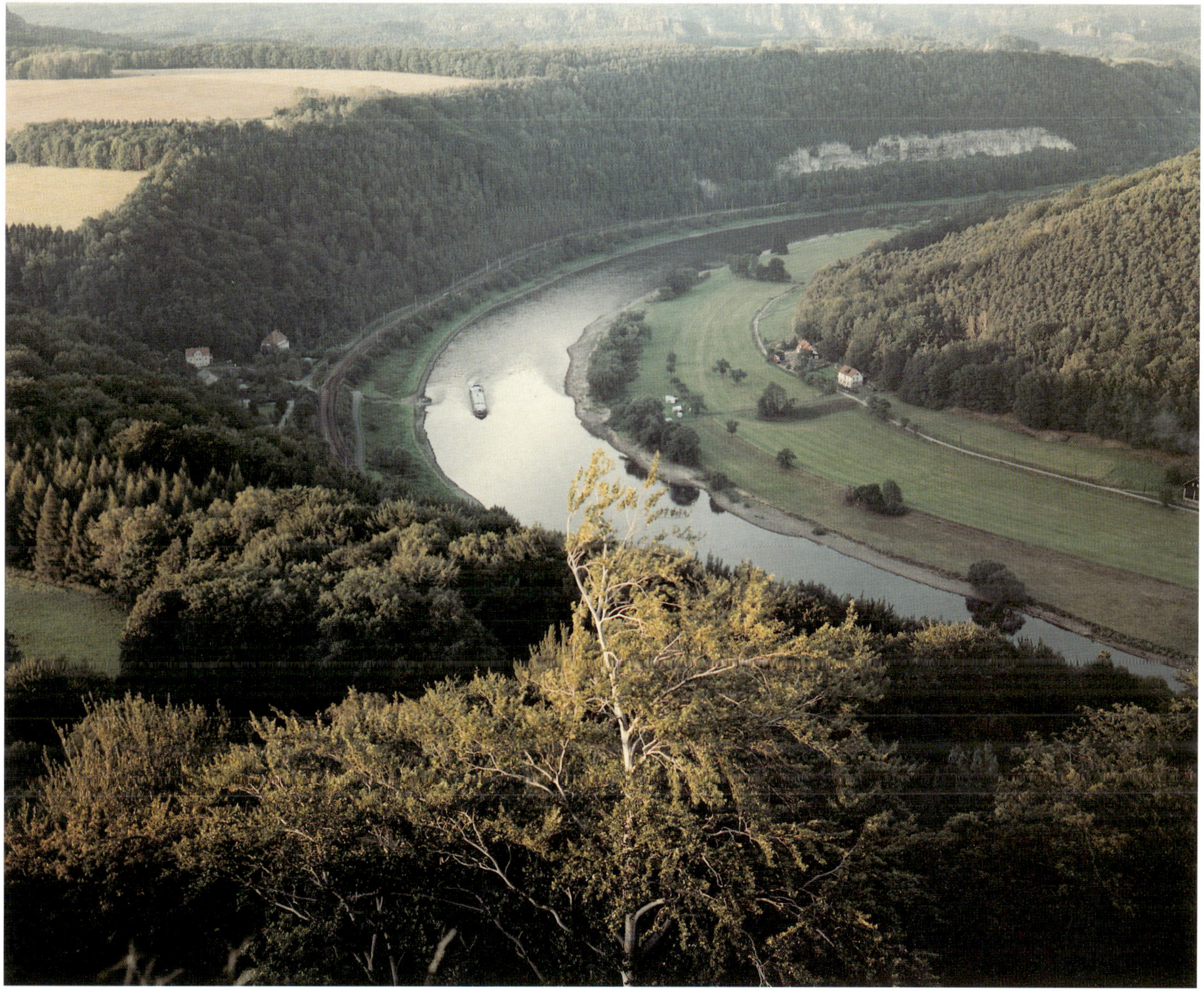

45 Königstein

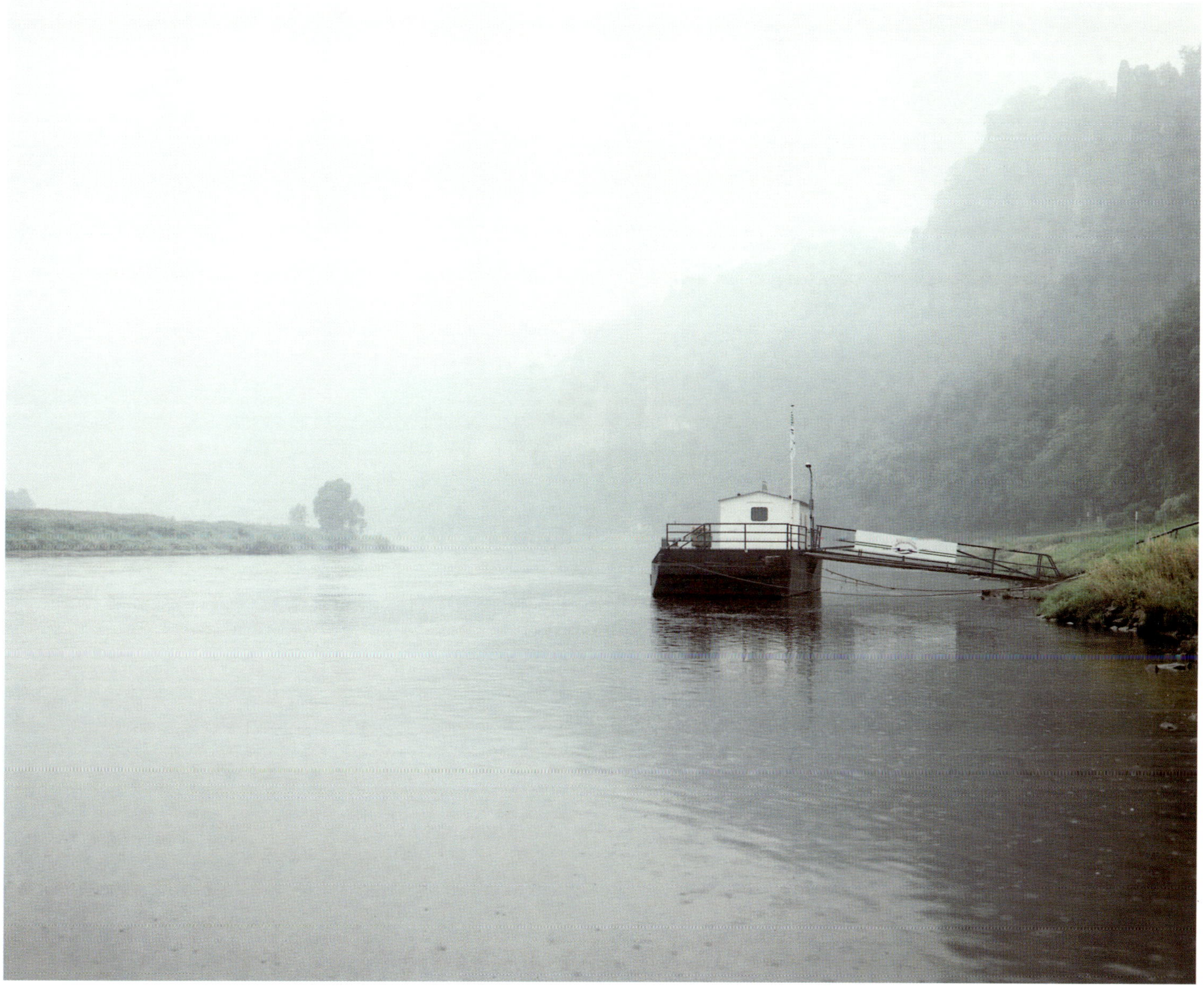

Rathen

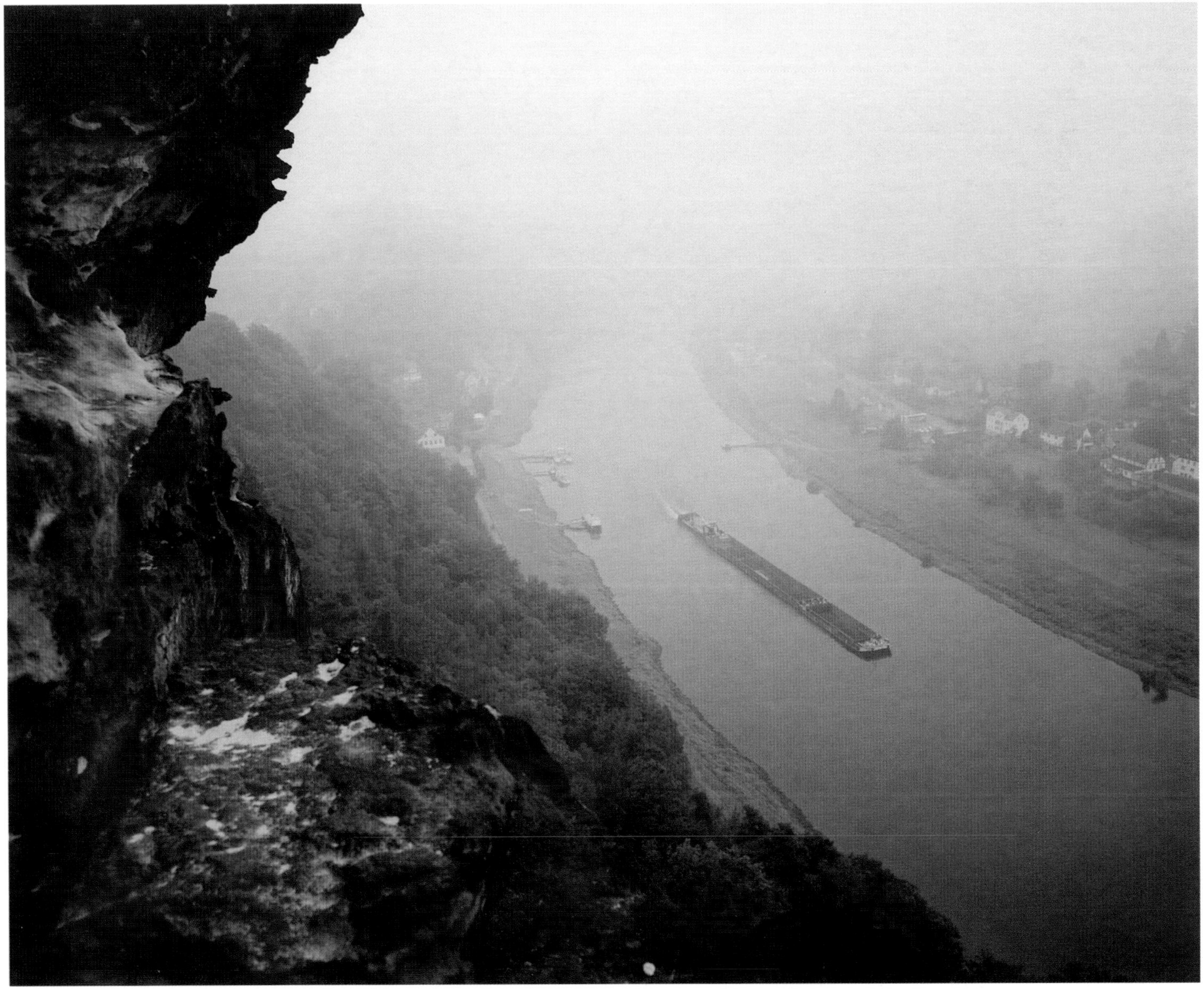

Rathen

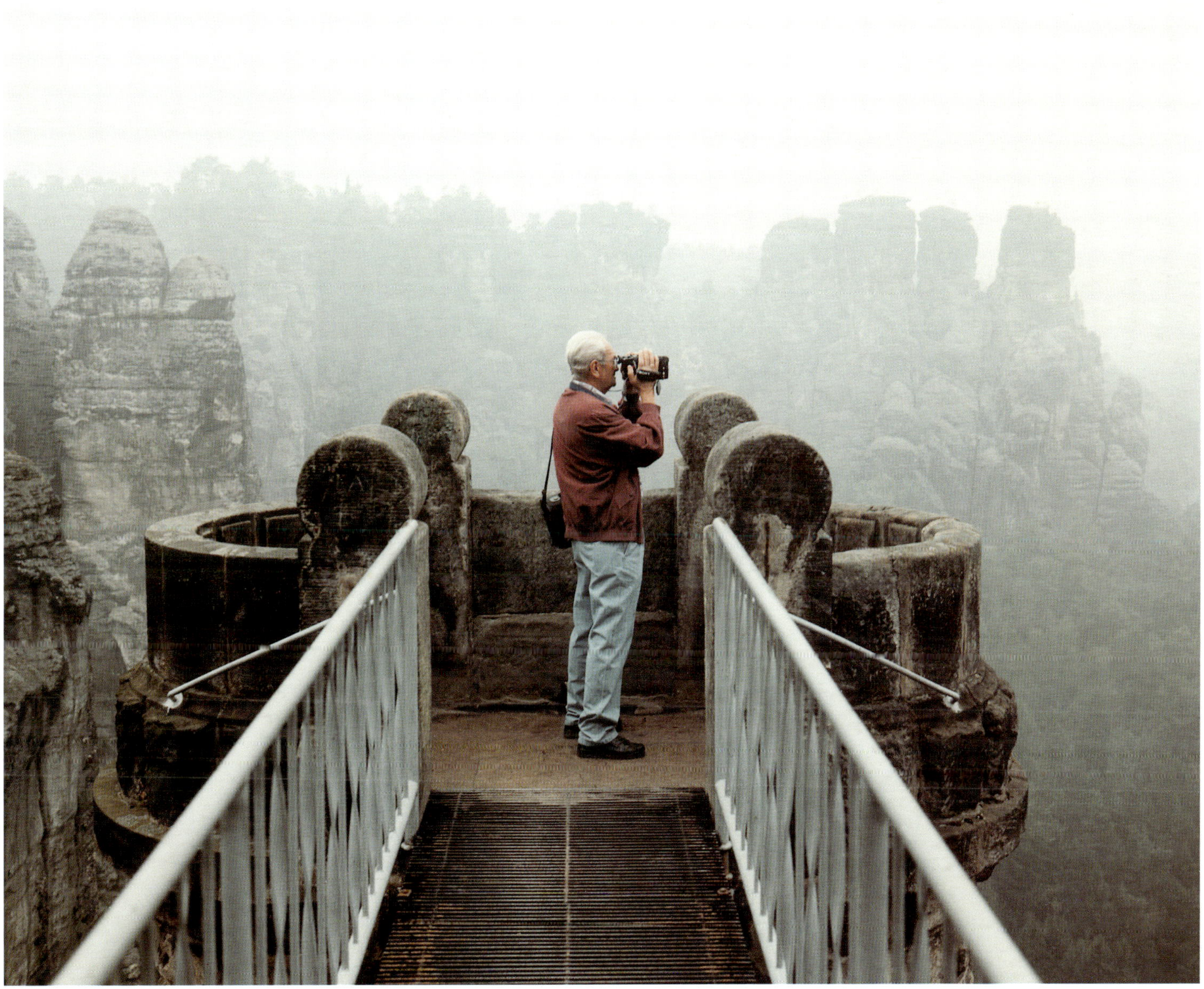

Rathen, die Bastei   Rathen, the bastion   Rathen, le bastion

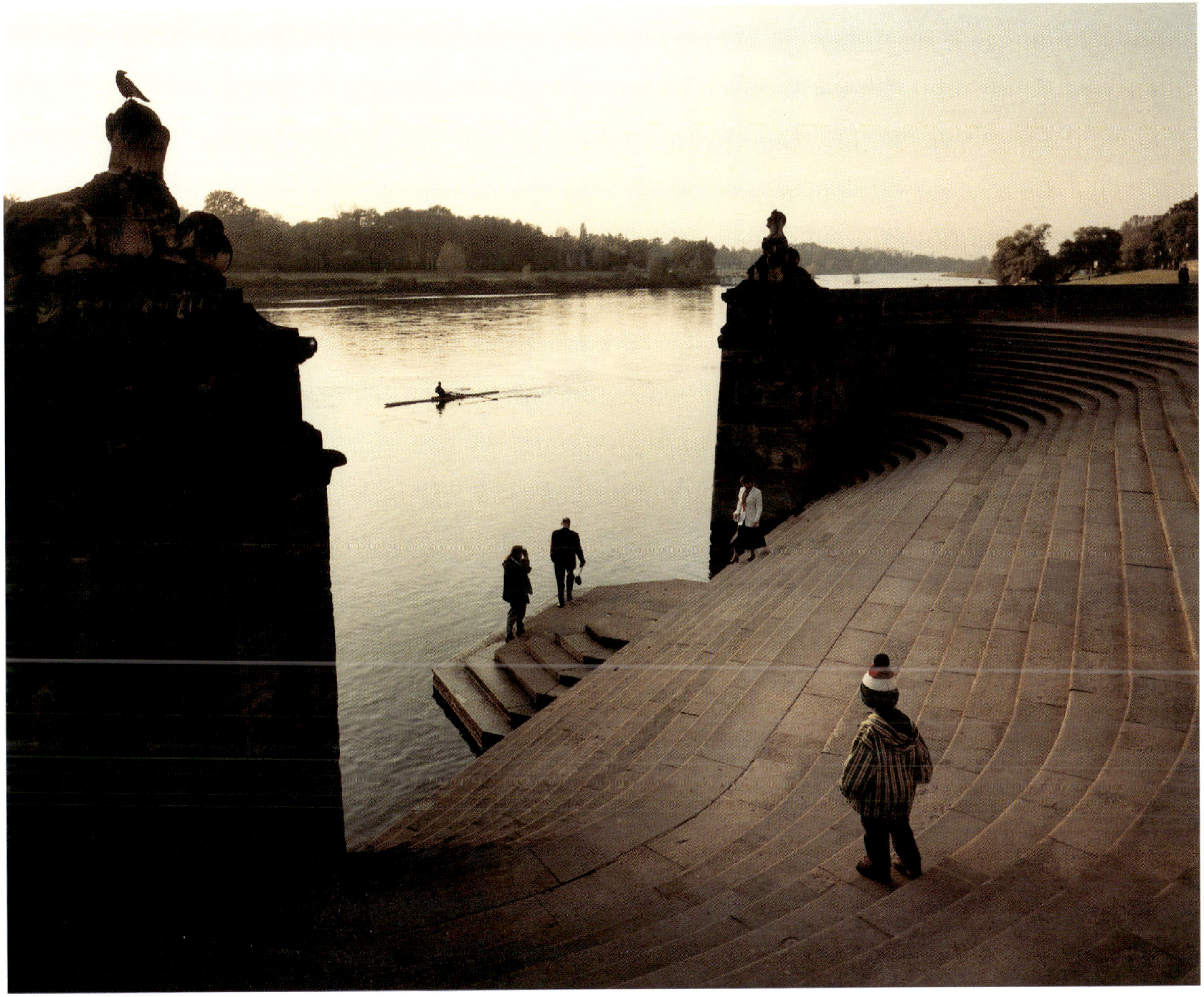

Schloß Pillnitz Pillnitz Castle Le château de Pillnitz

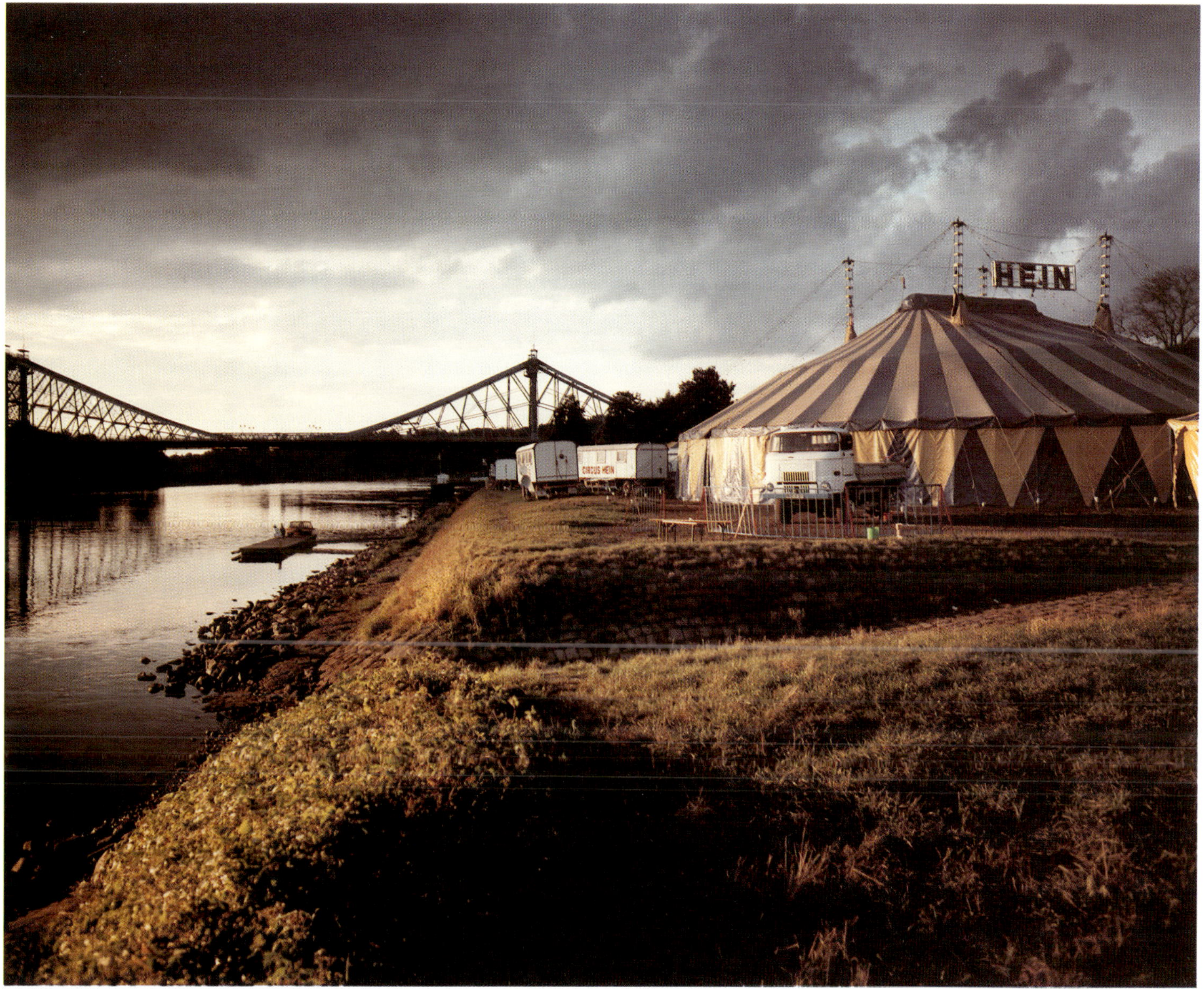

 Dresden, »Blaues Wunder« Dresden, the Bridge »Blue Miracle« Dresde, le pont »Miracle Bleu«

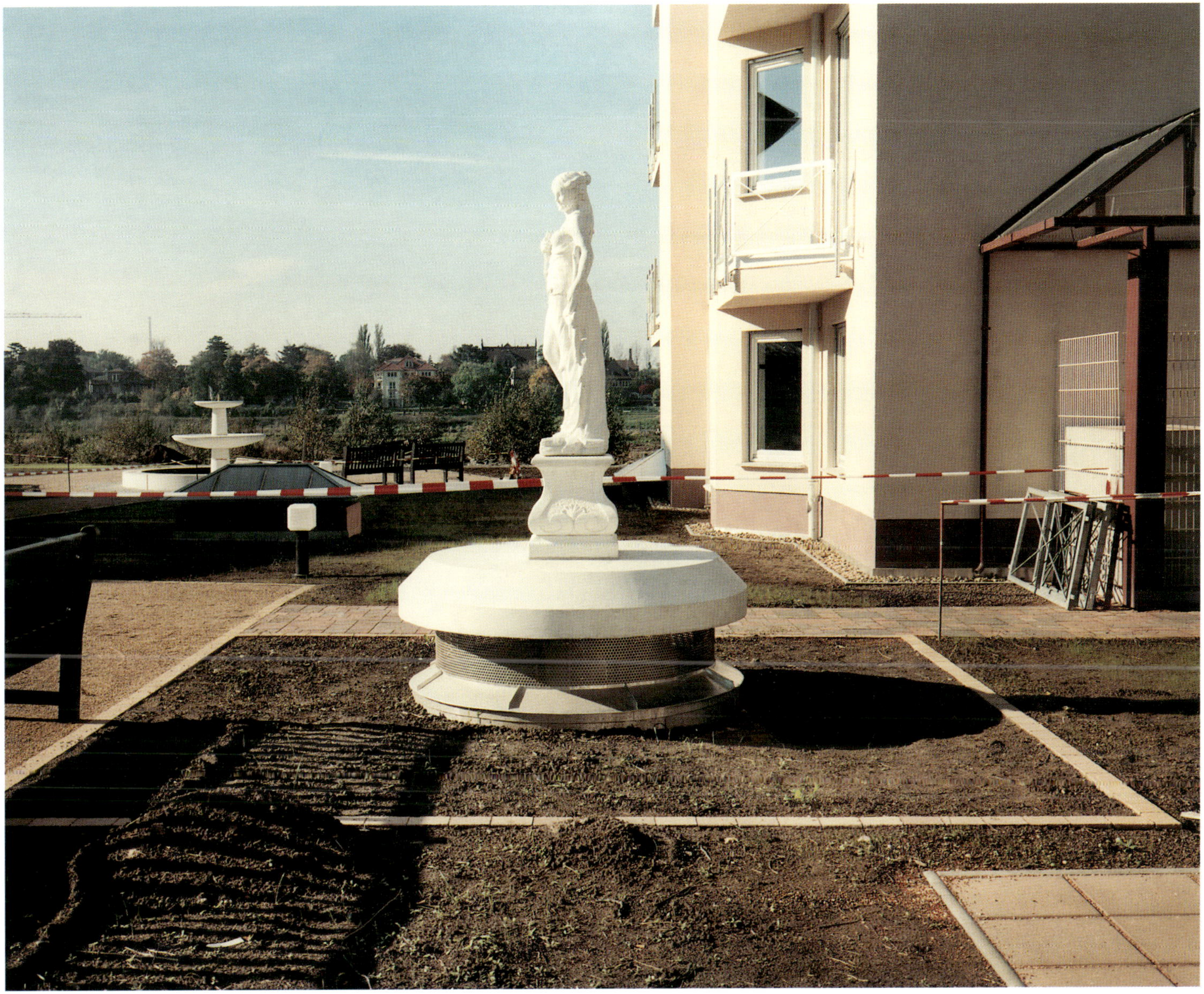

Dresden, Wachwitz   Dresden, the Quarter of Wachwitz   Dresde, quartier de Wachwitz

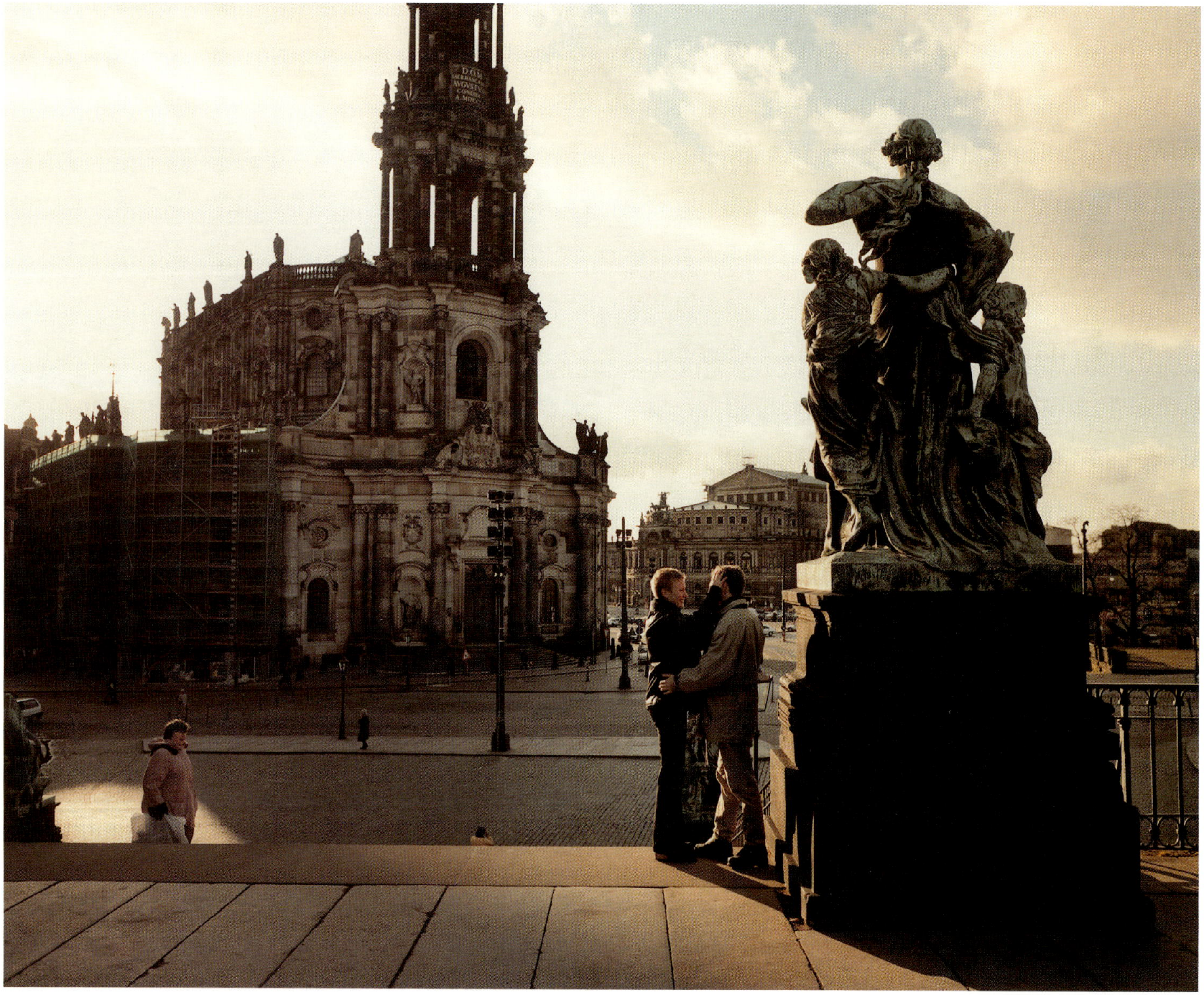

Dresden, Hofkirche   Dresden, Catholic Court Church   Dresde, église de la Cour

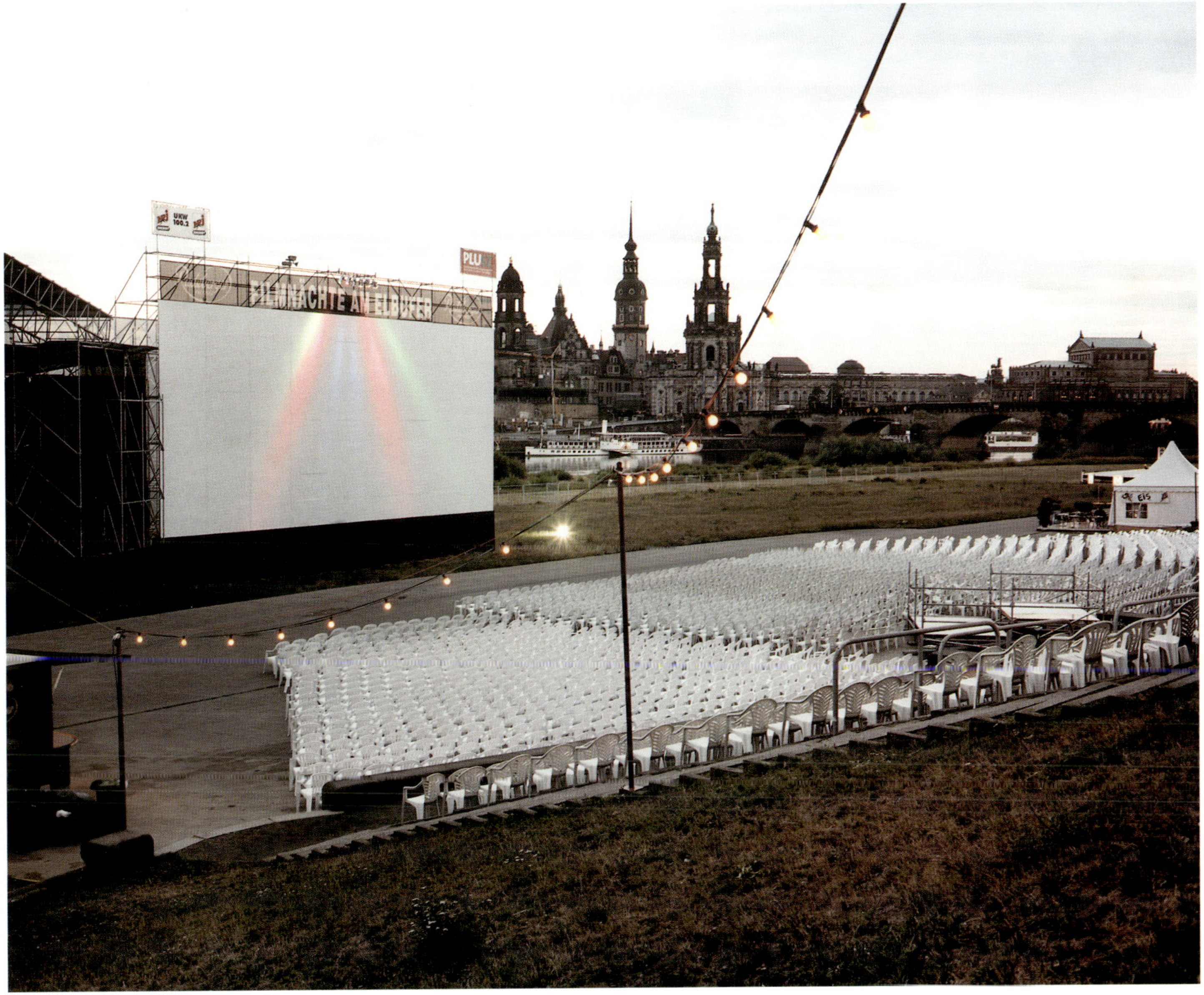

 Dresden   Dresden   Dresde

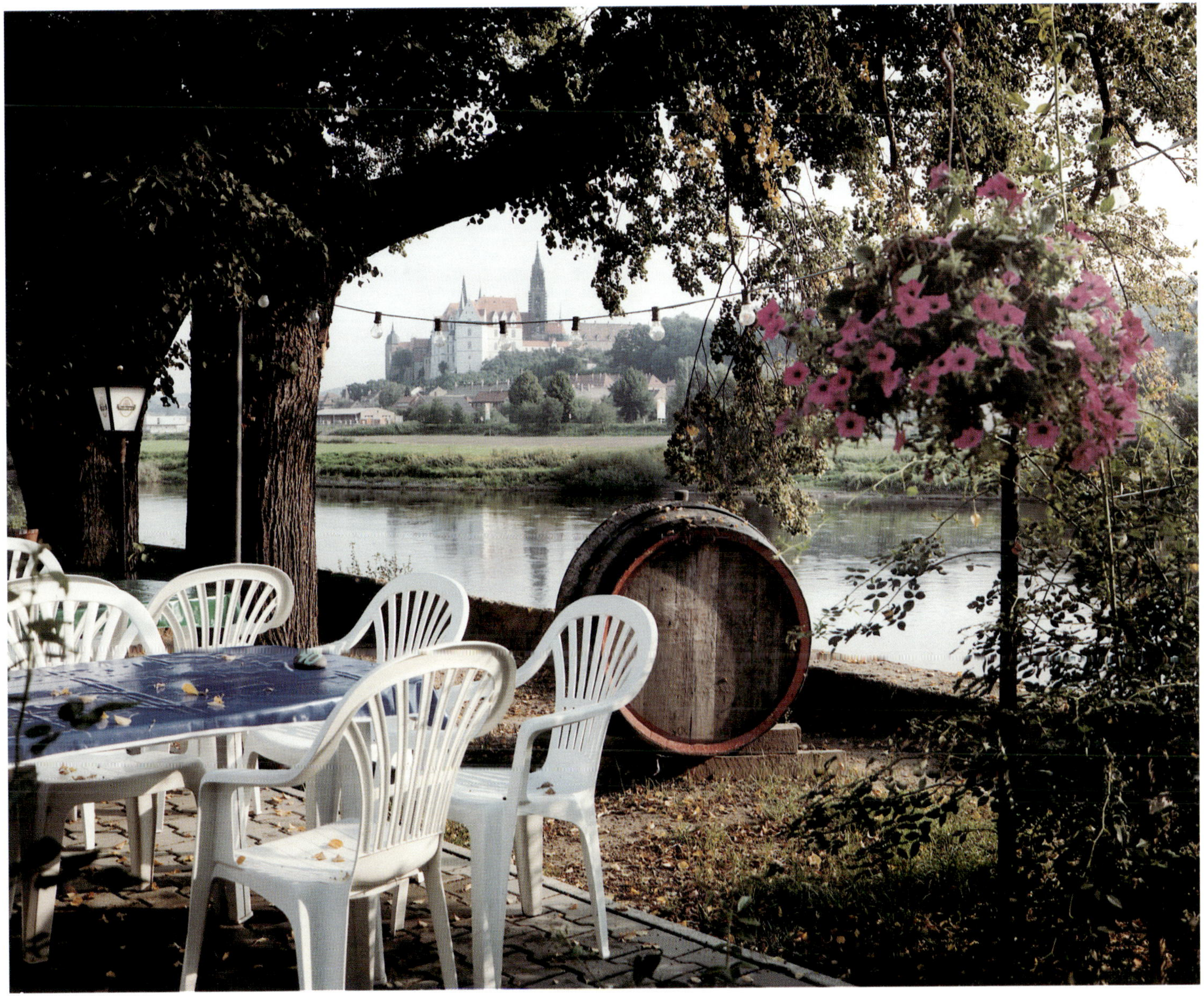

Meißen

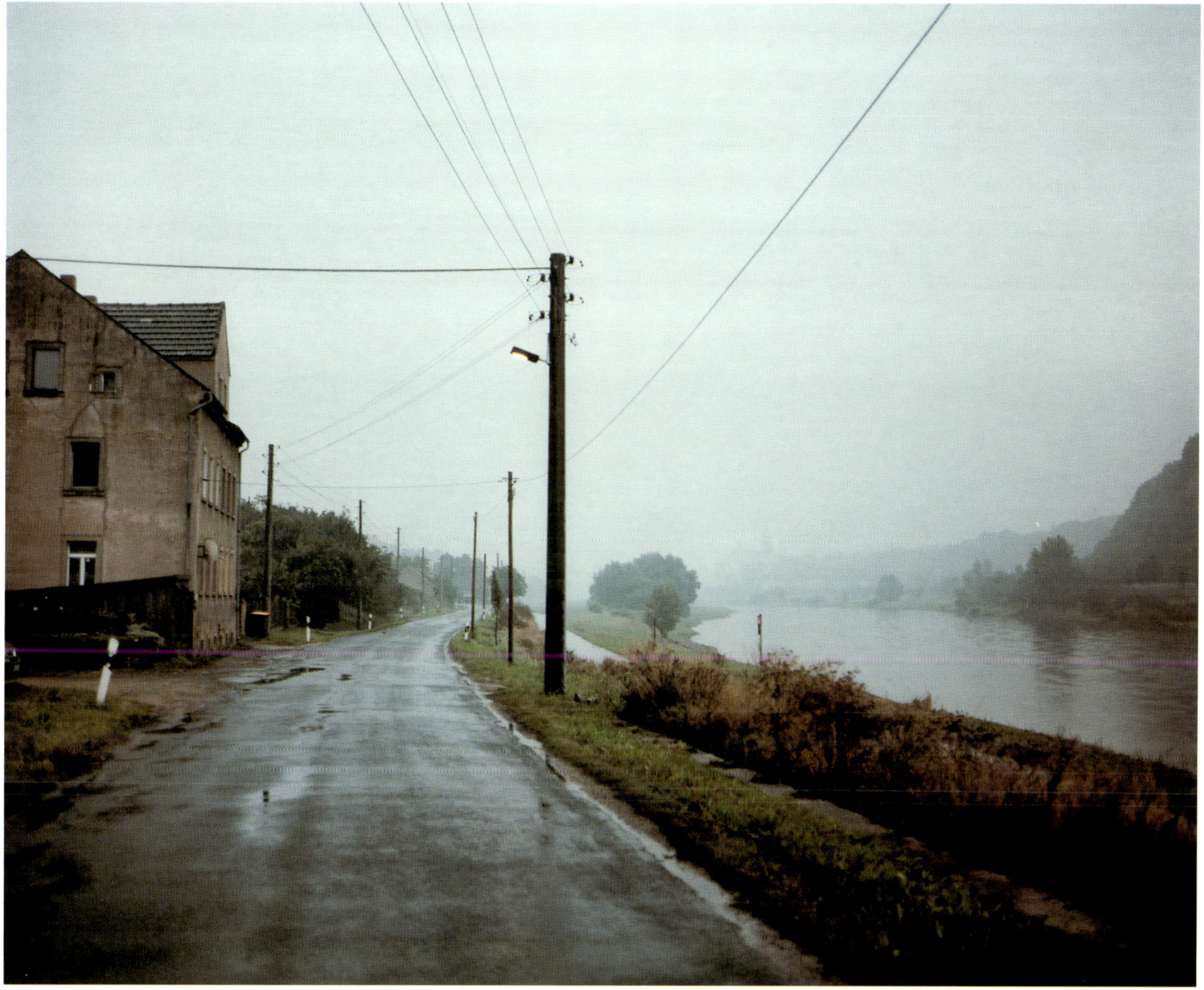

 Meißen

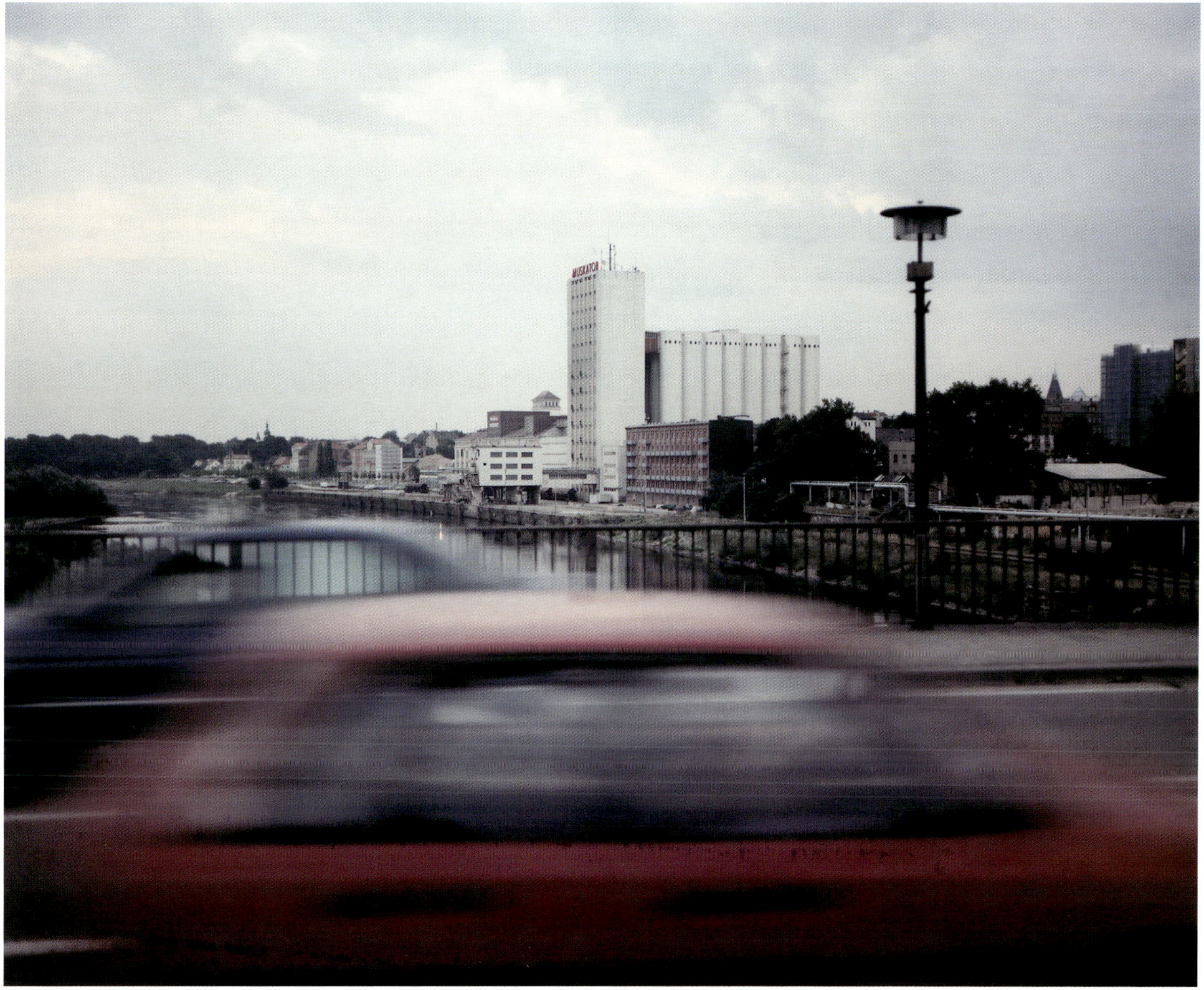

Riesa

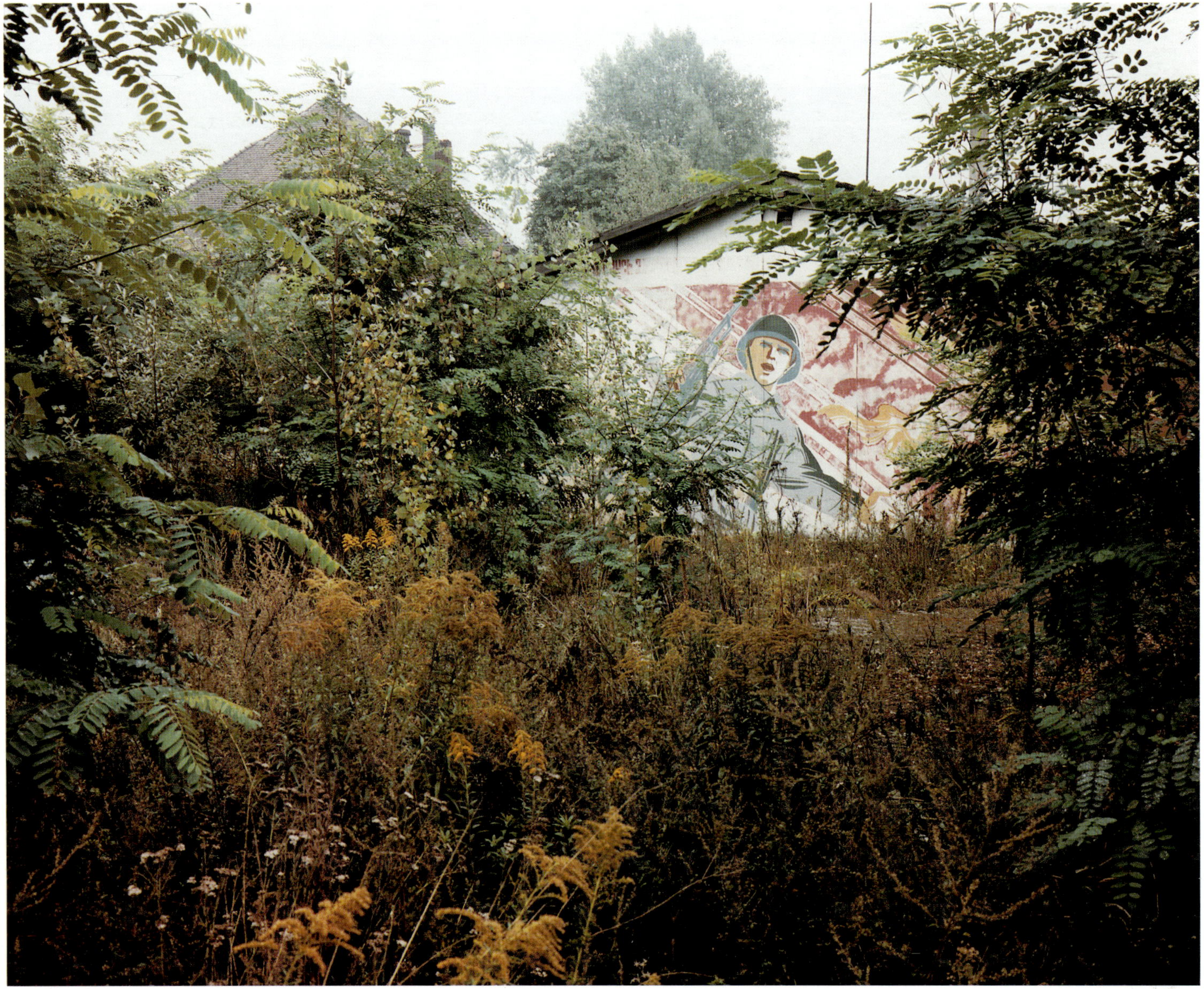

Riesa, ehemalige sowjetische Kaserne Riesa, former Soviet Army barracks Riesa, ancienne caserne soviétique

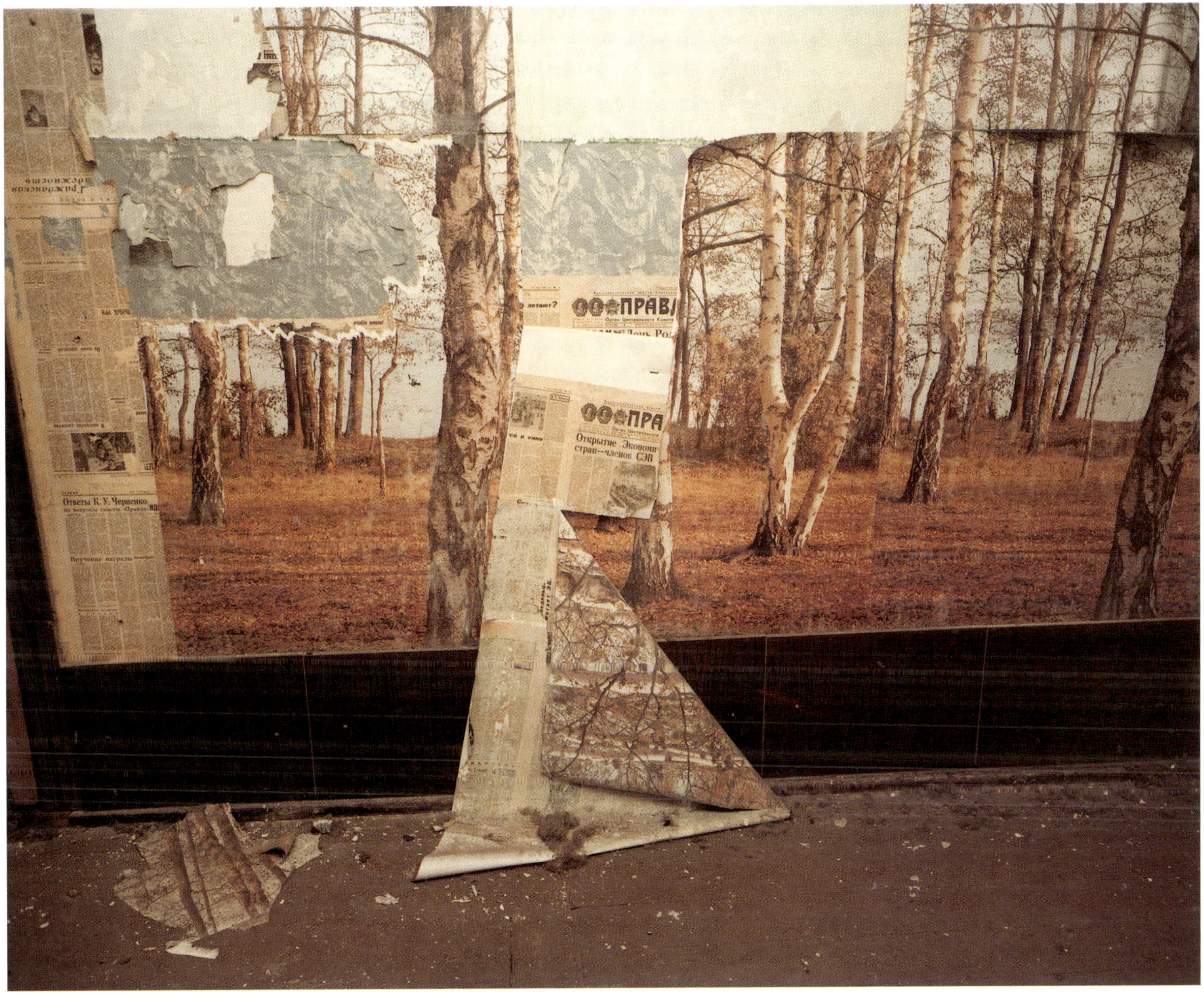

Riesa, ehemalige sowjetische Kaserne   Riesa, former Soviet Army barracks   Riesa, ancienne caserne soviétique

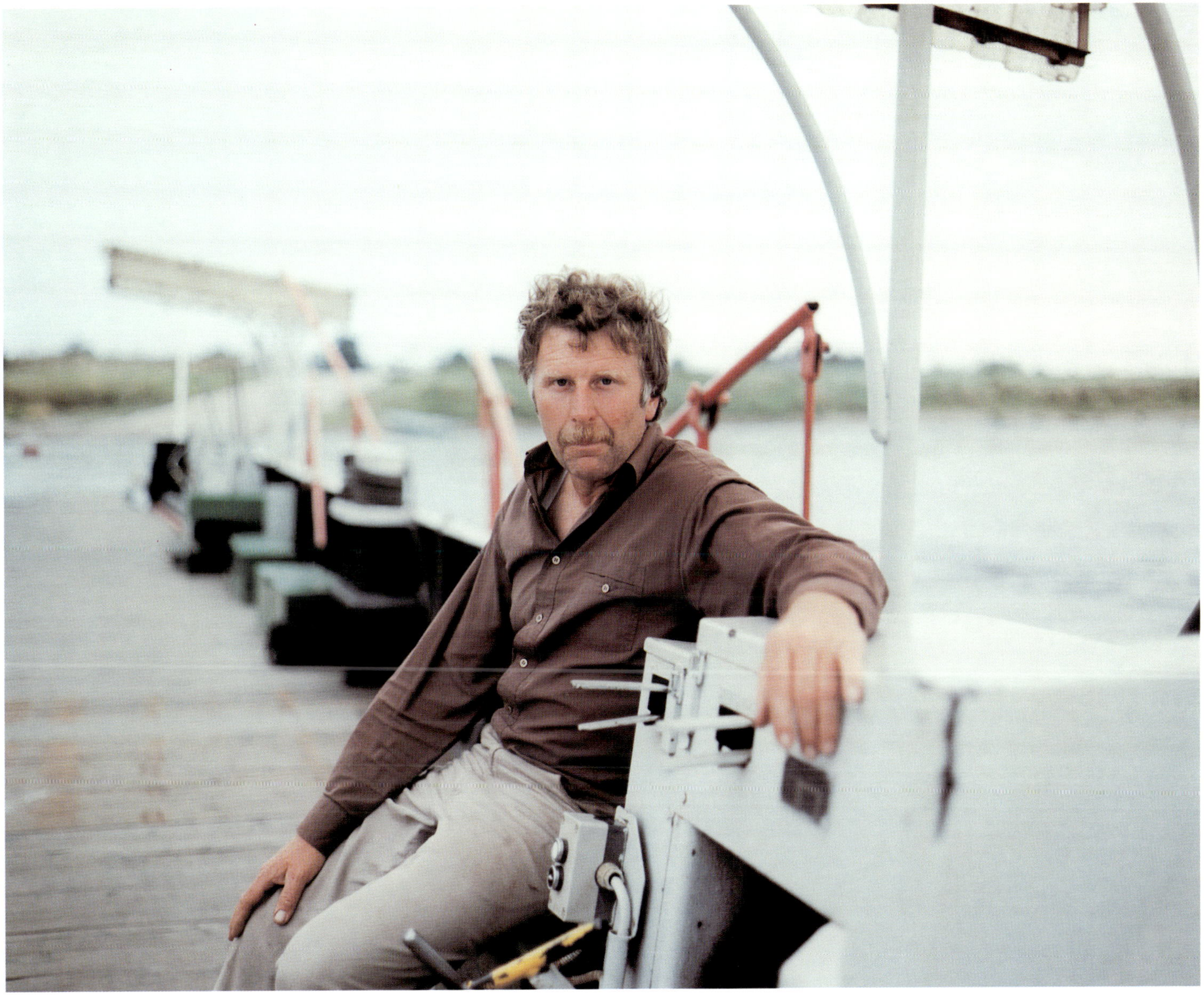

 Der Fährmann von Mühlberg The ferryman of Mühlberg Le batelier de Mühlberg

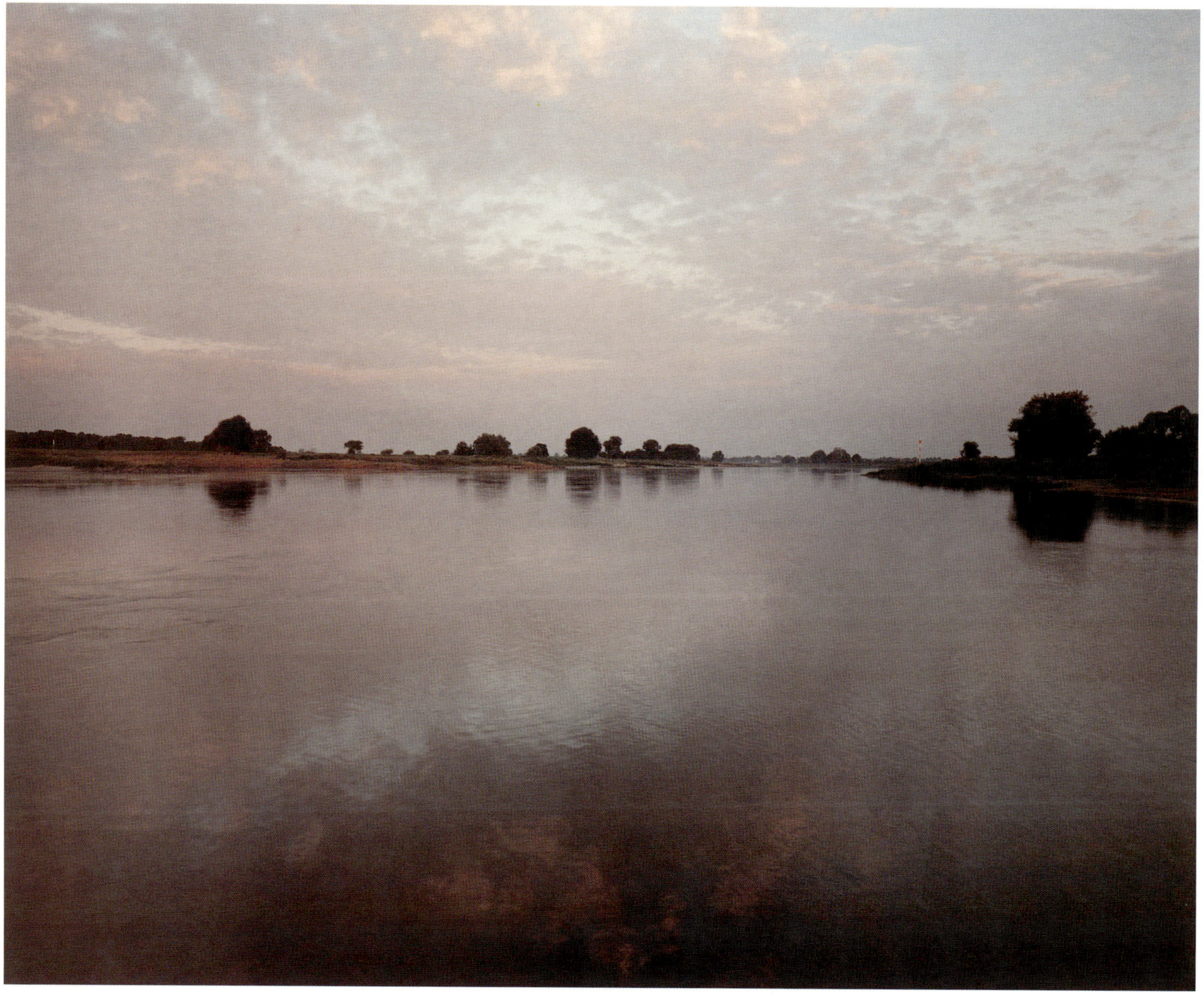

Pretzsch

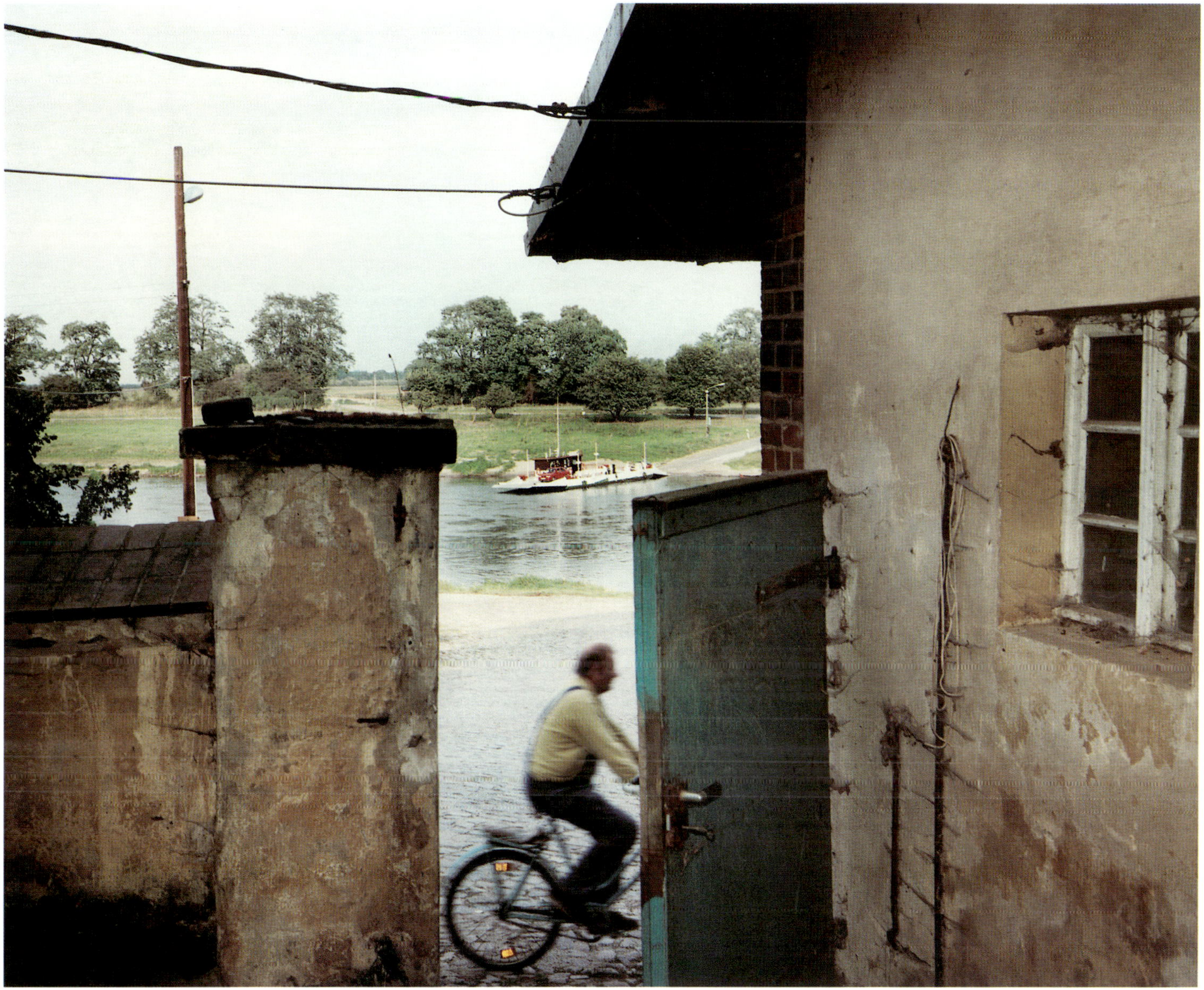

Belgern

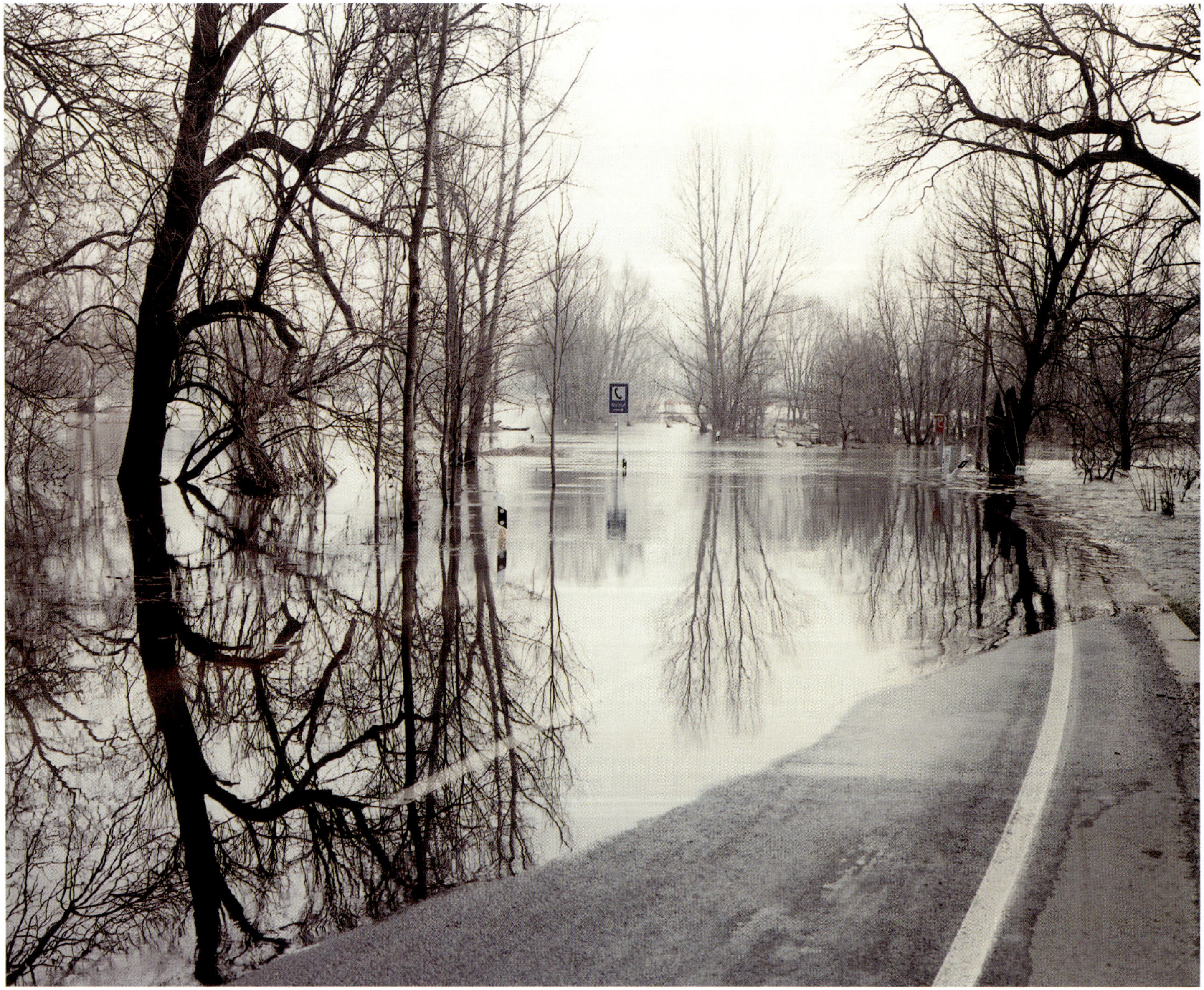

Aken

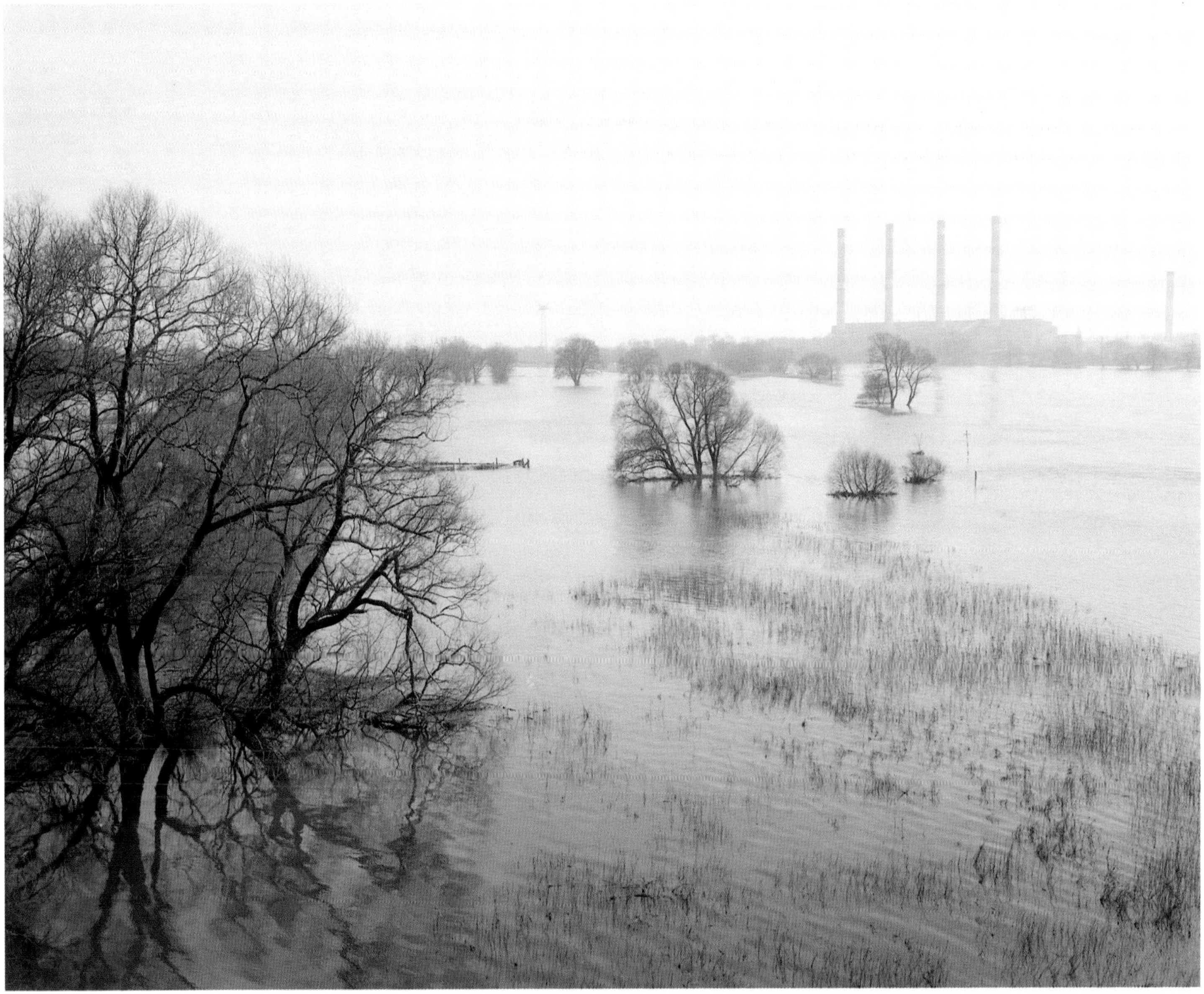

Vockerode

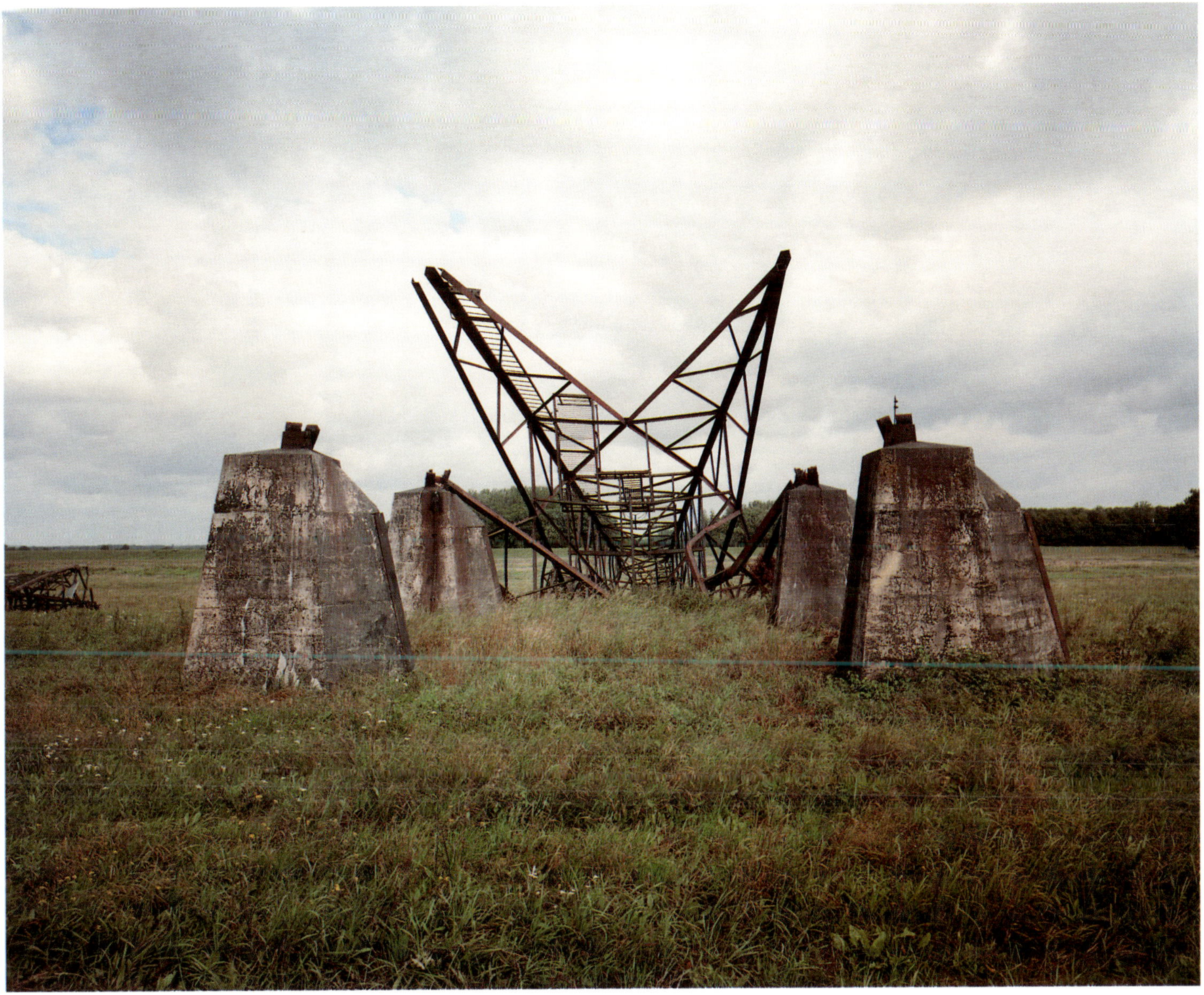

Vockerode

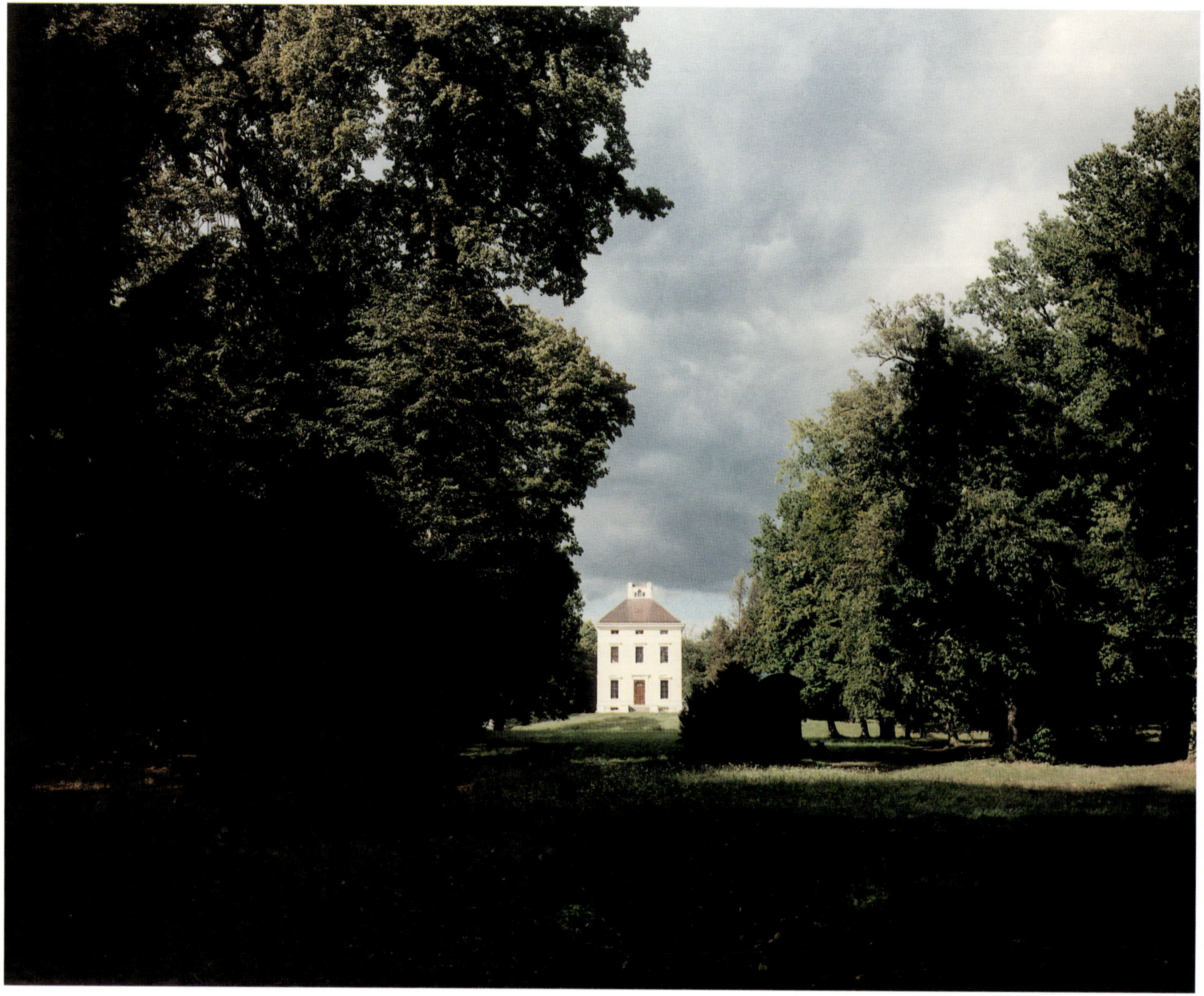

Dessau, Schloß Luisium   Dessau, Luisium Castle   Dessau, château Luisium

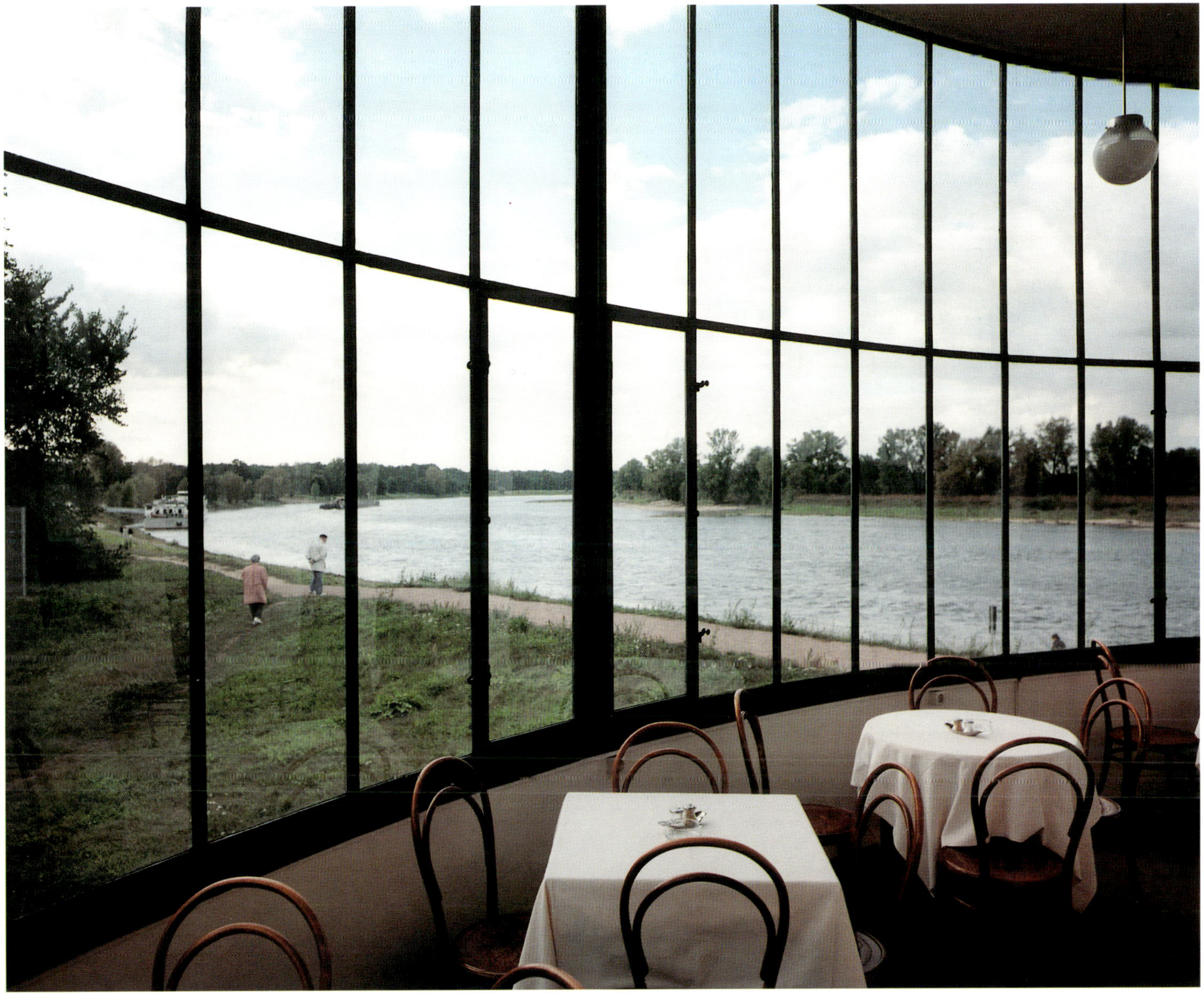

Dessau, »Das Kornhaus«

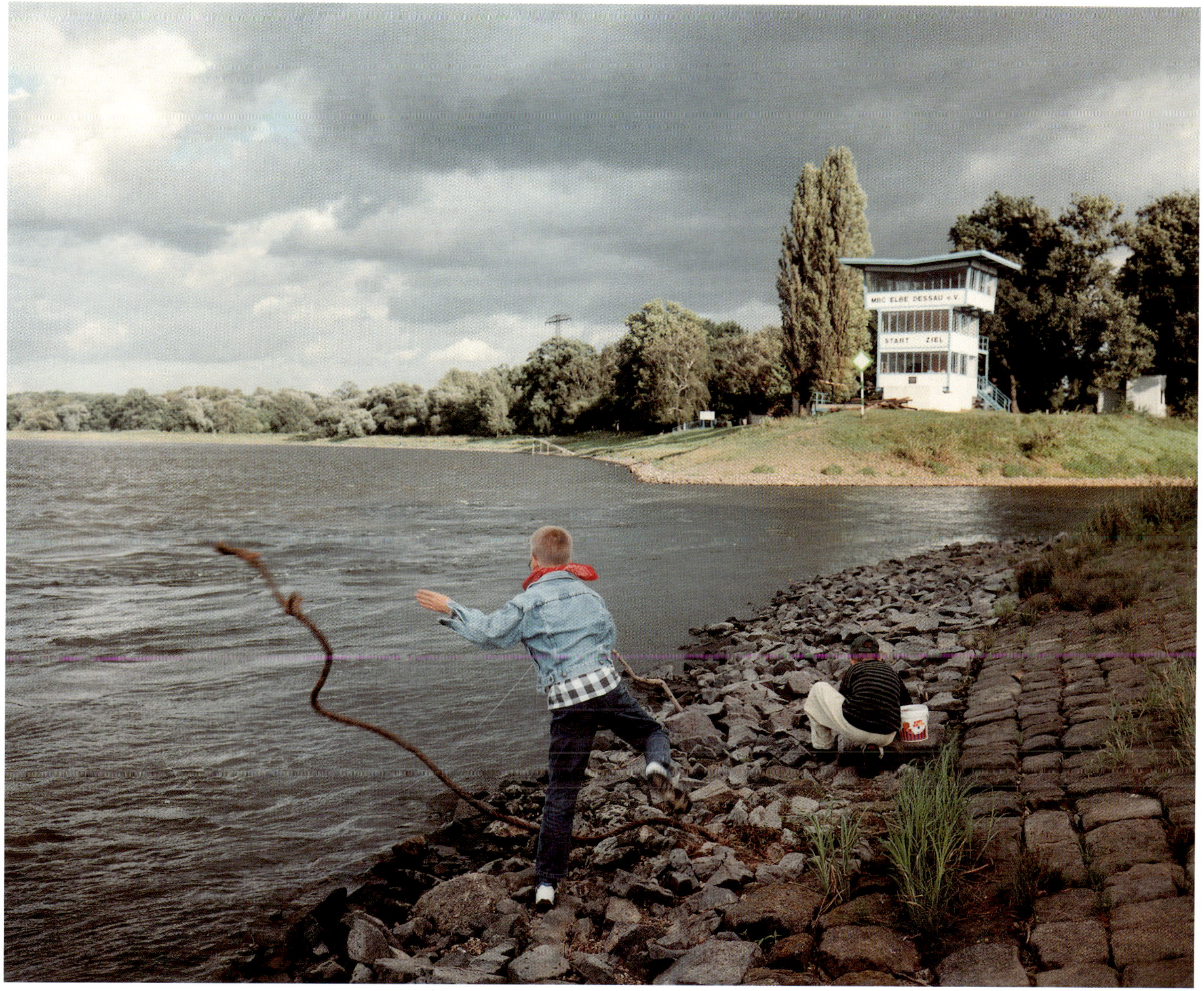

Dessau, Hafen Dessau, the harbour Dessau, le port

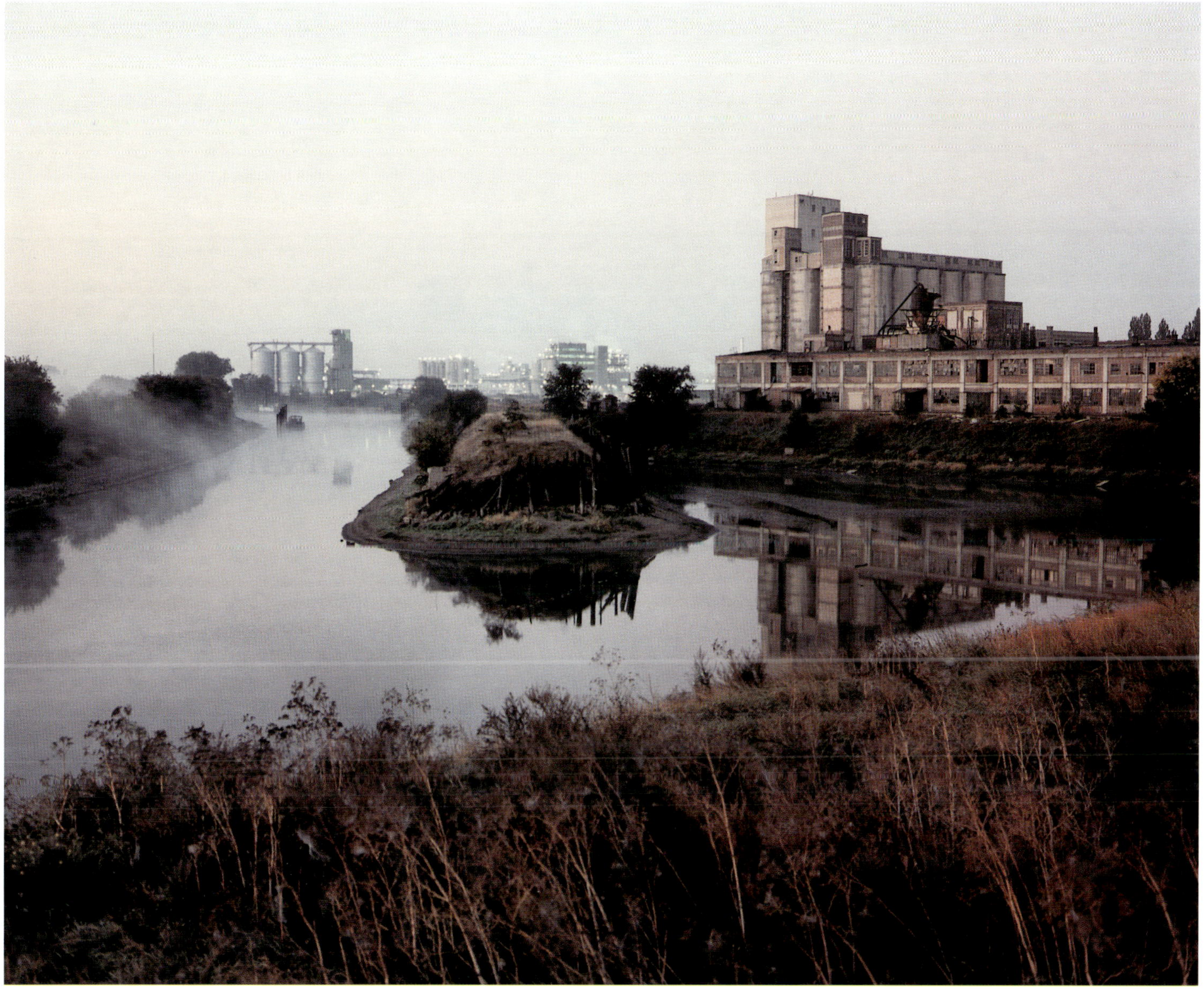

 Monplaisir

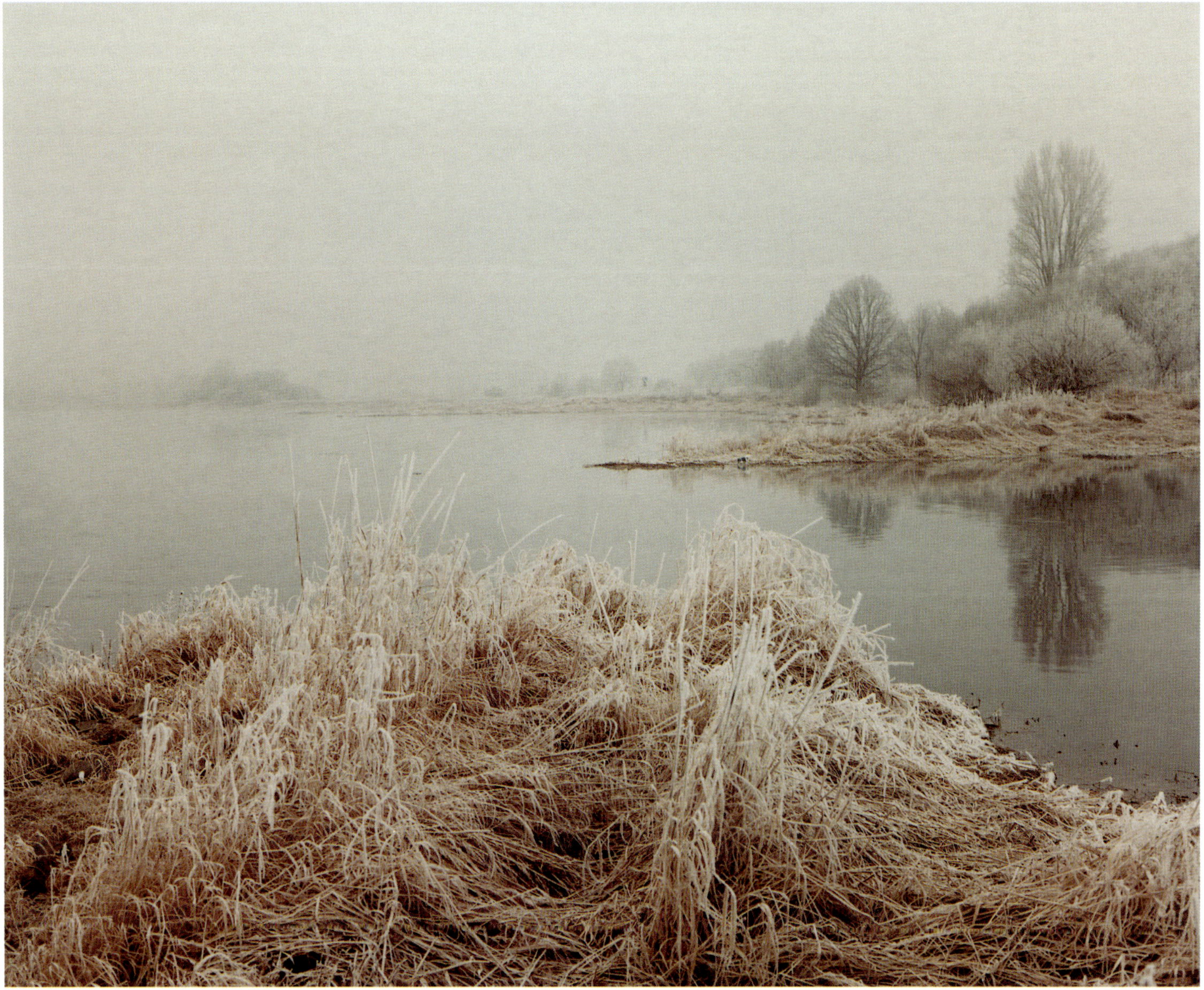

Bei Magdeburg Near Magdeburg Environs de Magdebourg

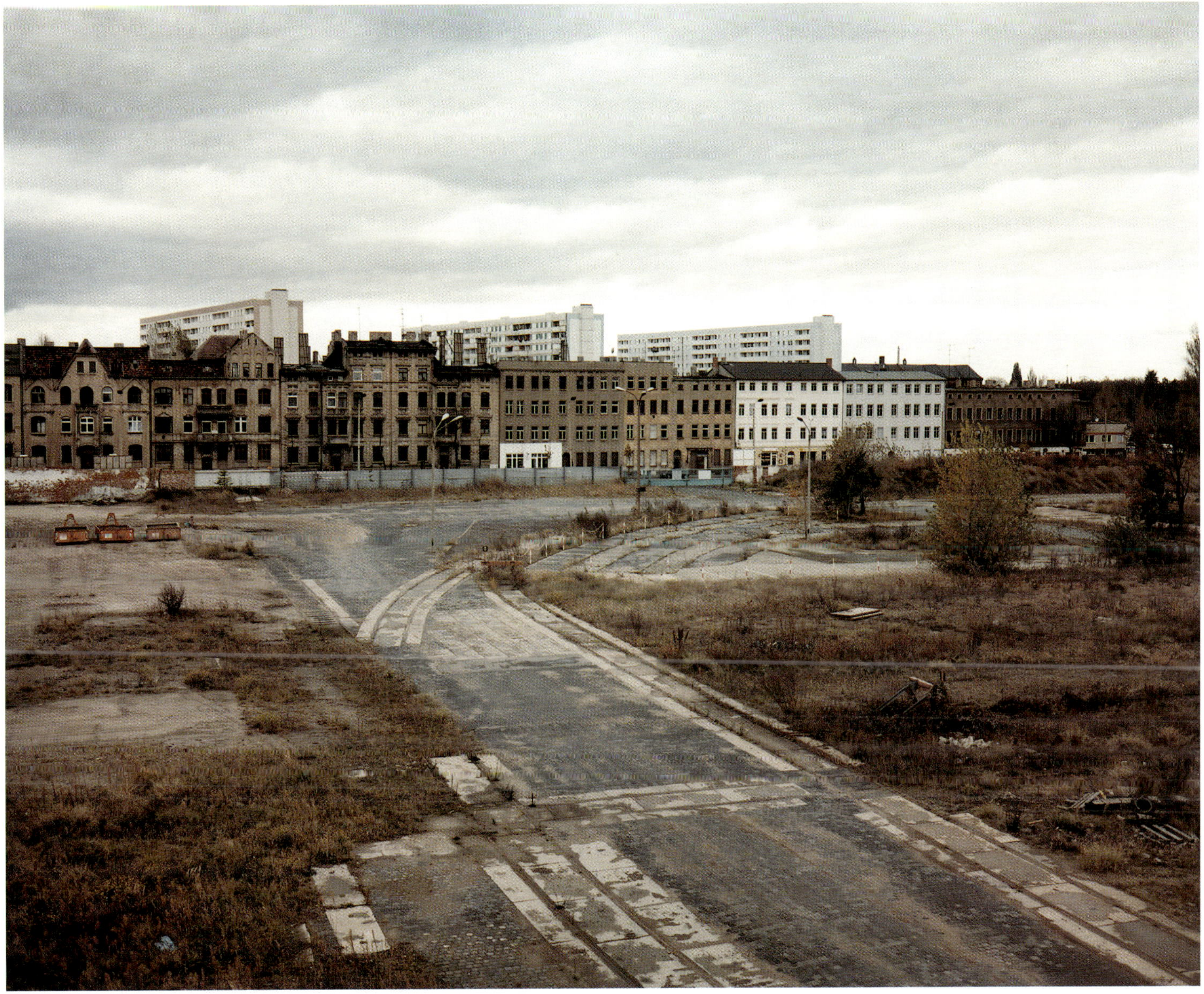

Magdeburg Magdeburg Magdebourg

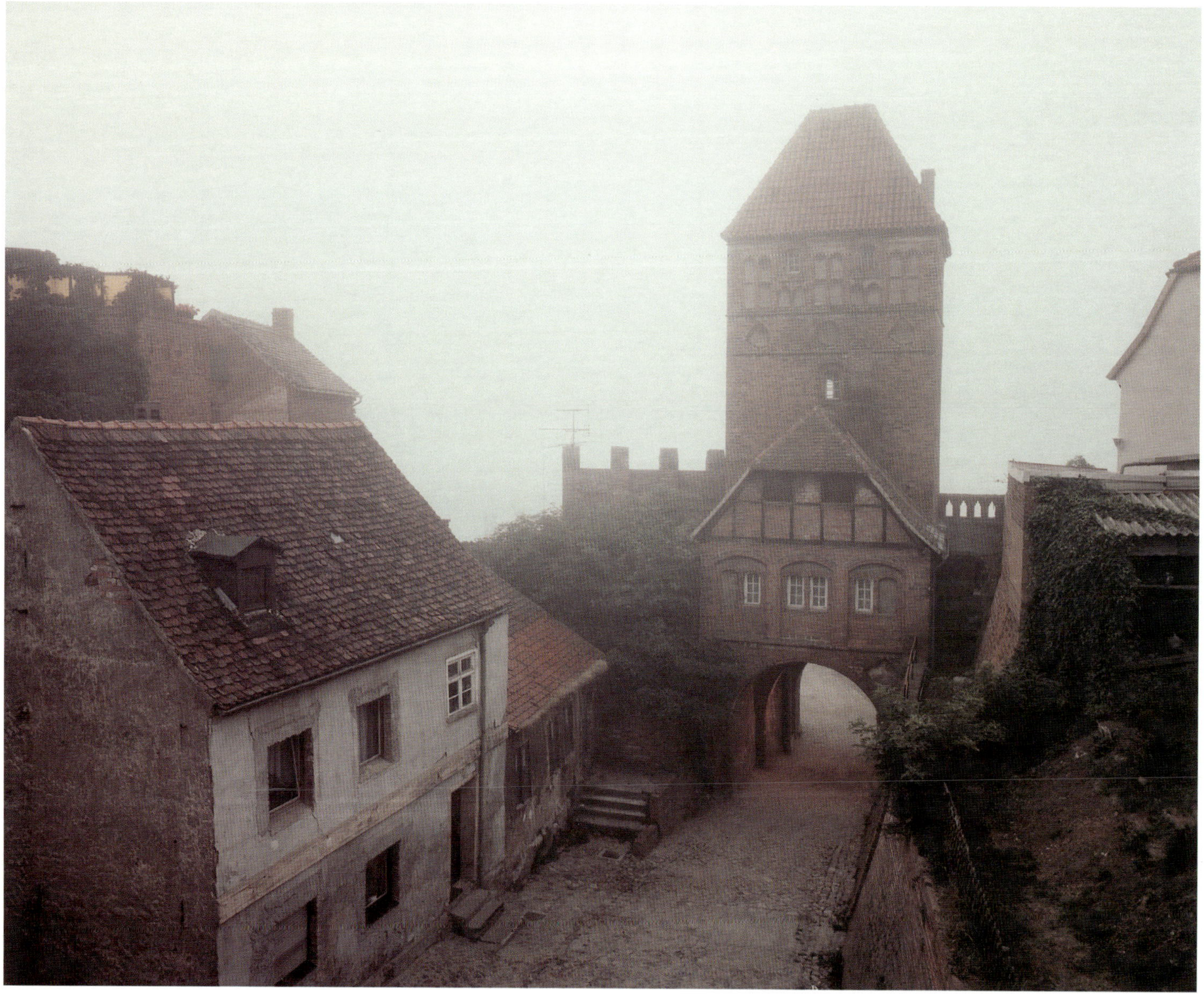

Tangermünde, »Elbtor« Tangermünde, »Elbe Gate« Tangermünde, la »Porte de l'Elbe«

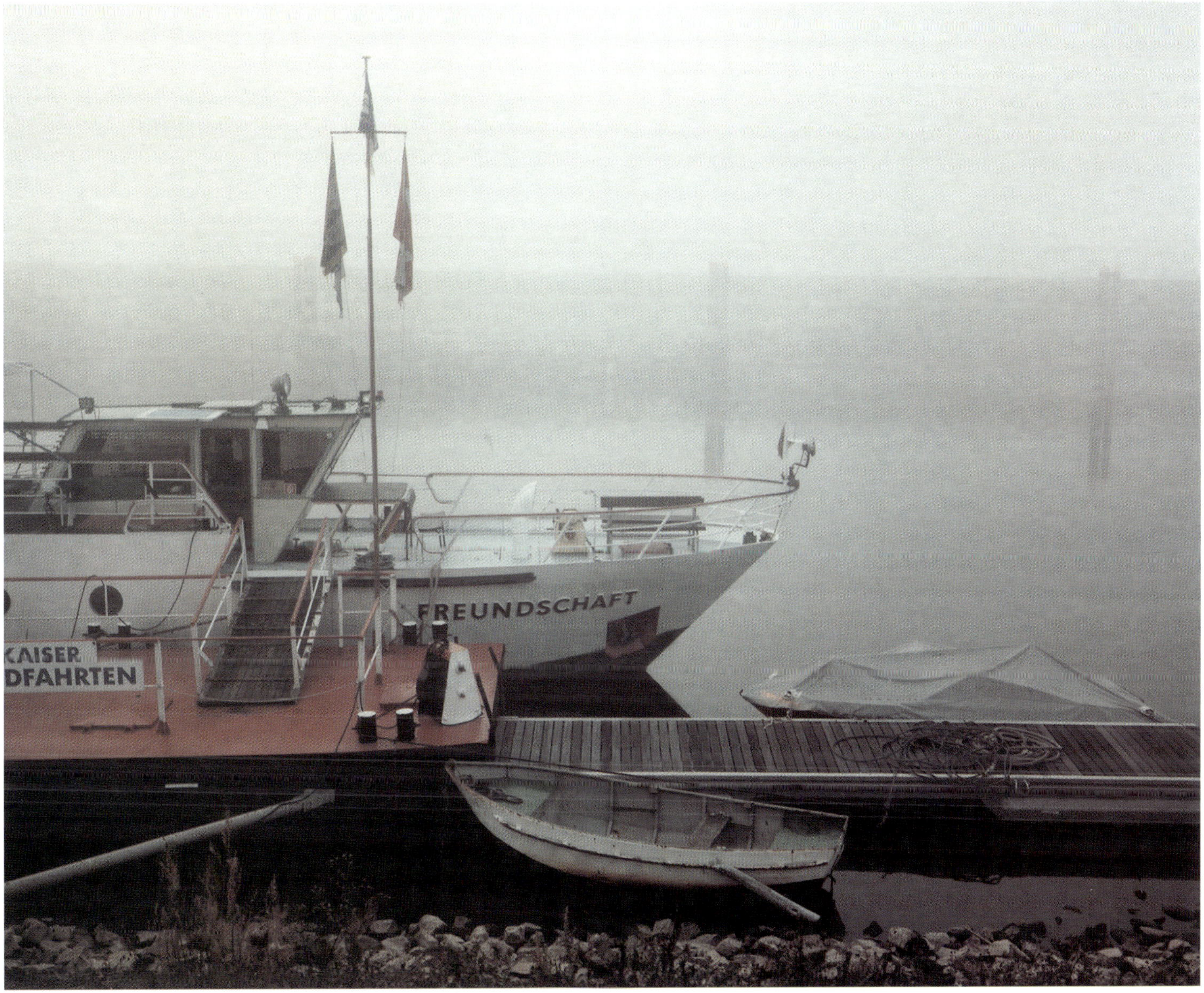

Tangermünde

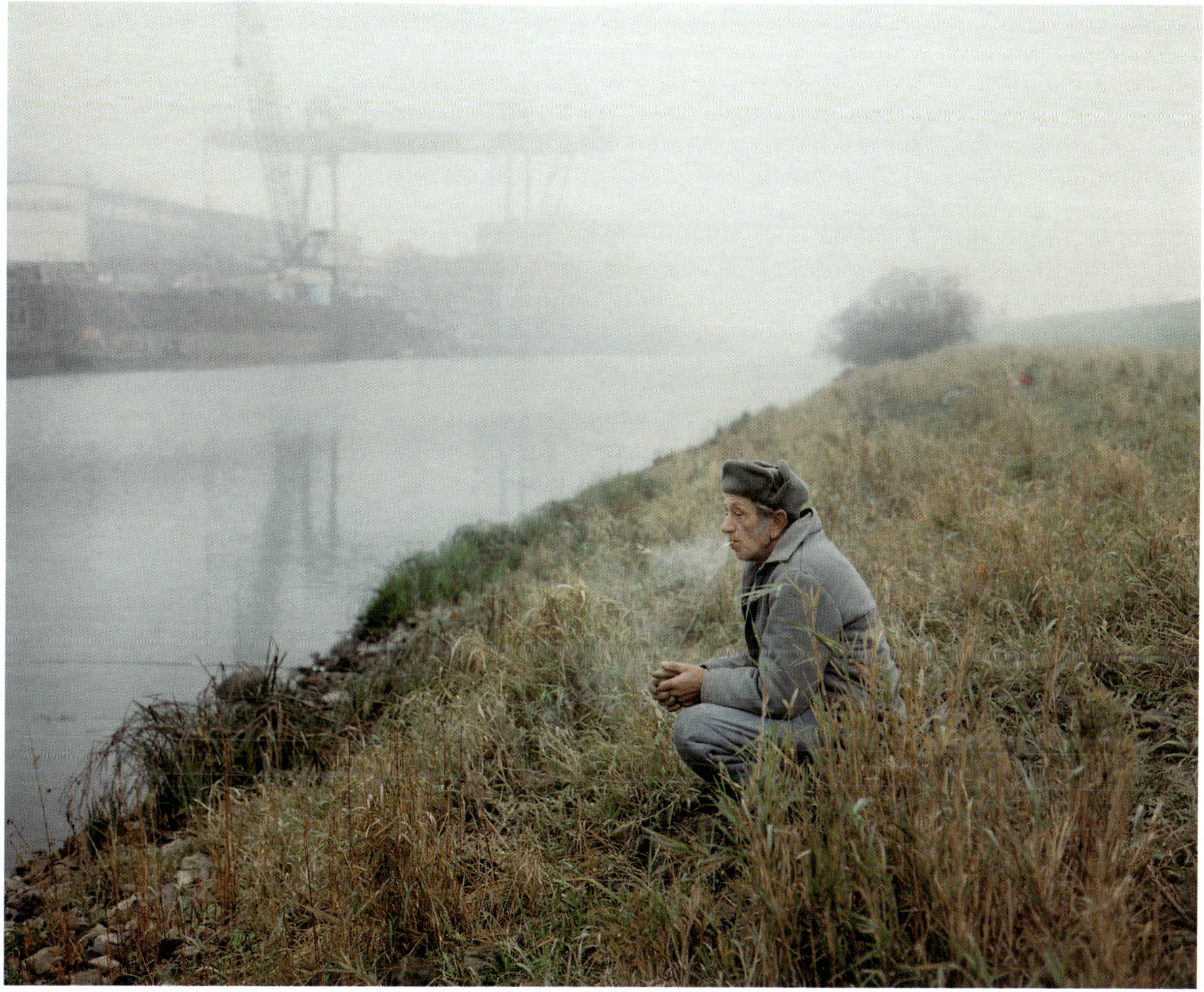

Boizenburg Boizenburg Boizenbourg

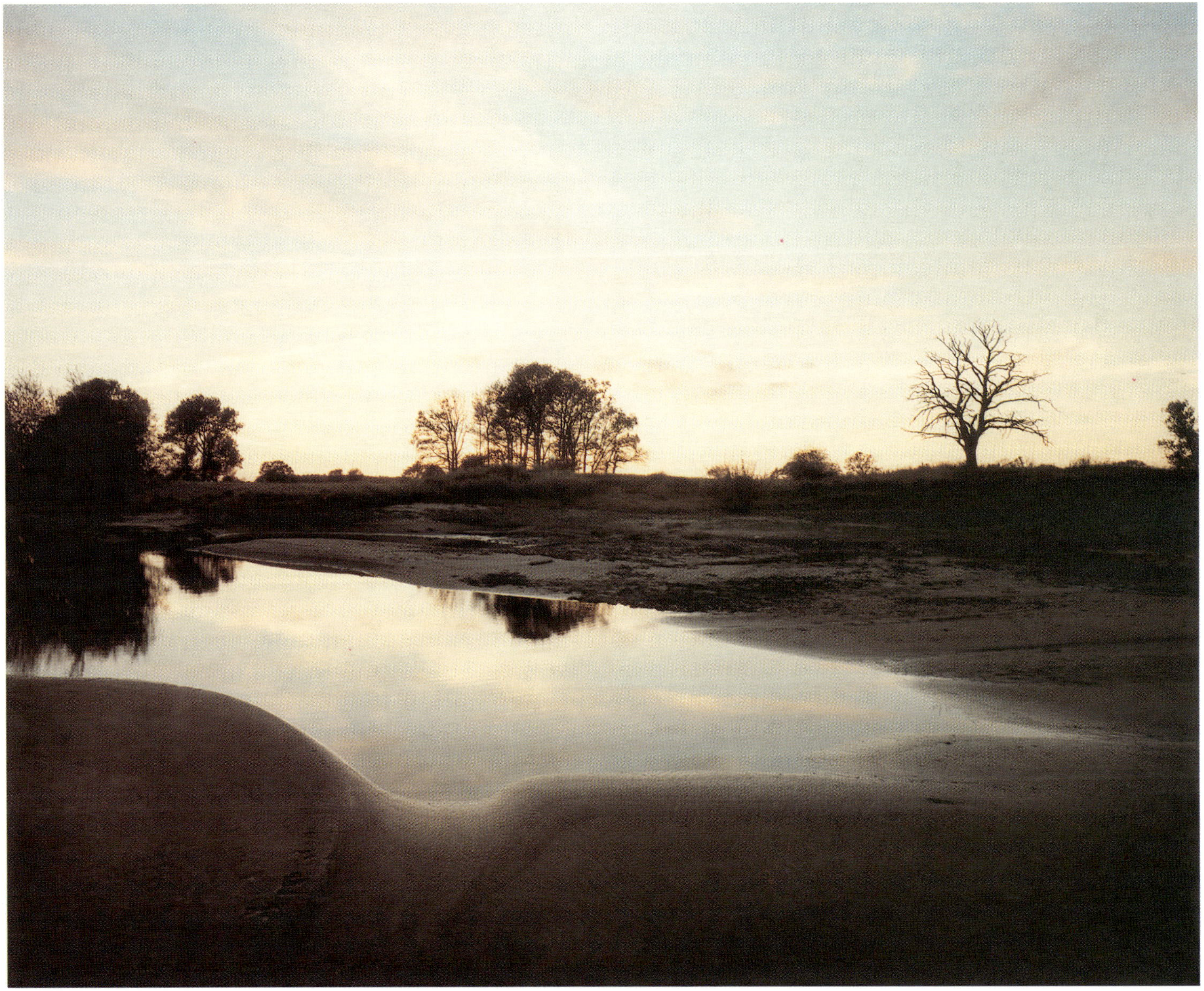

Werben

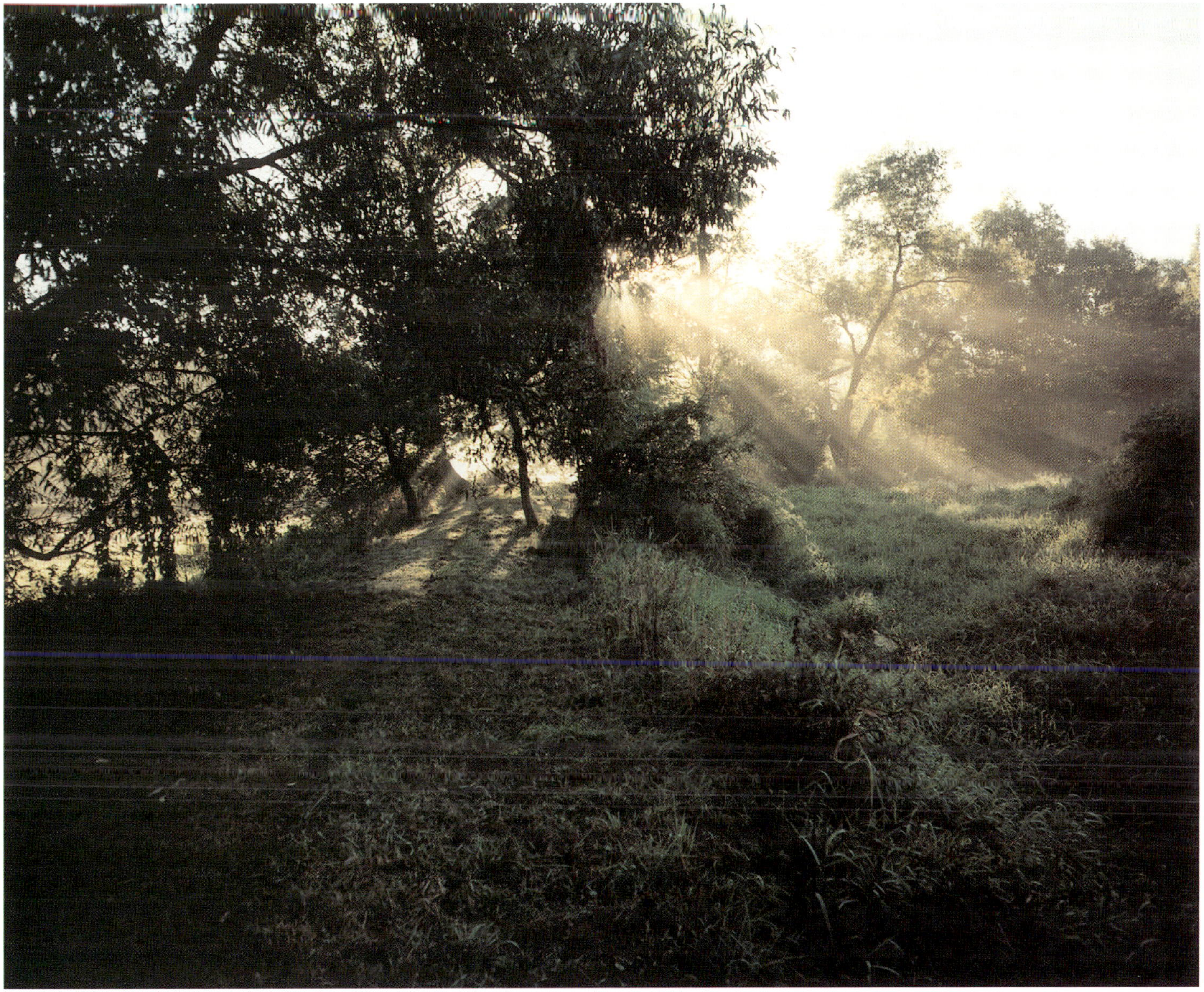

 Werben

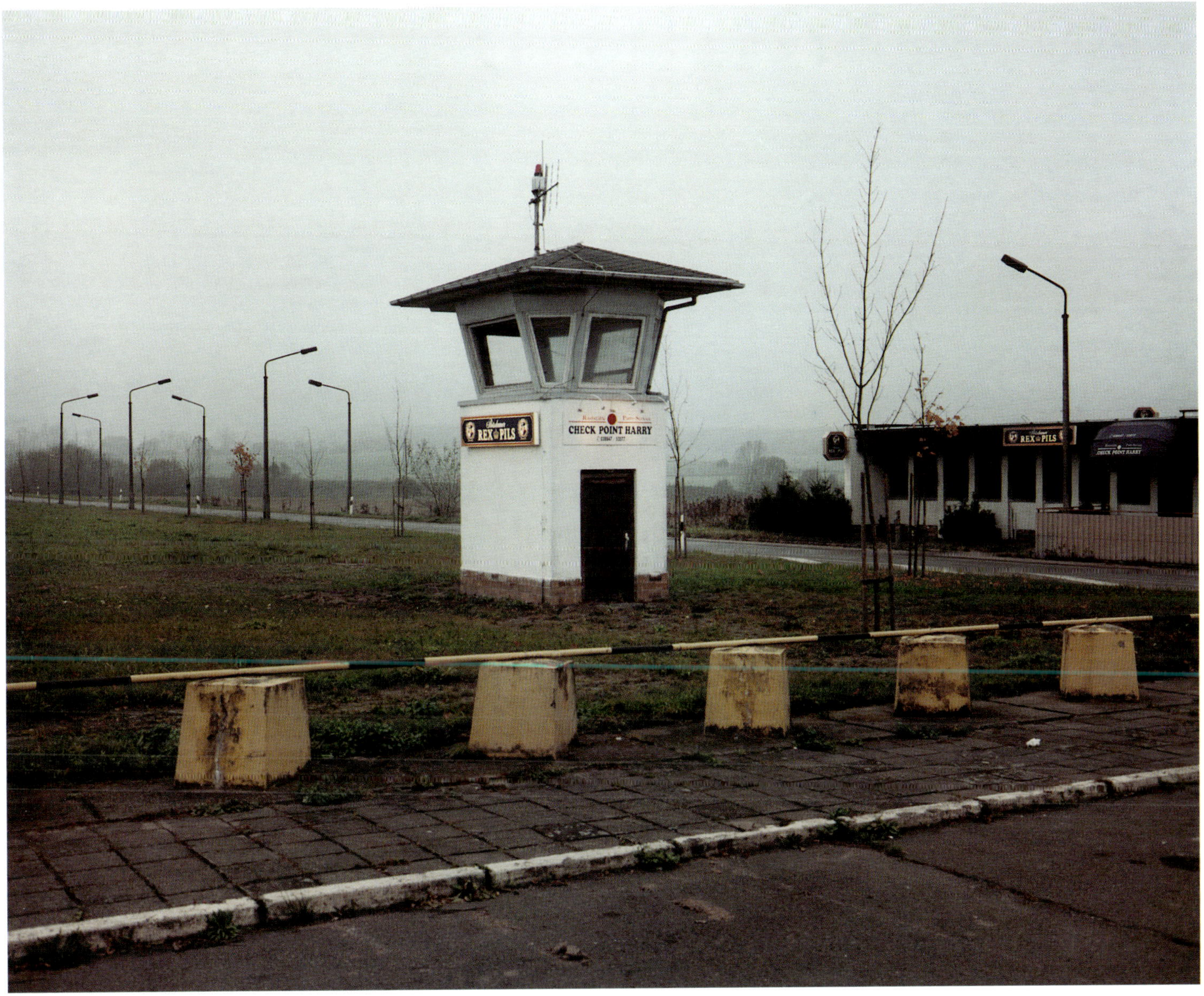

Boizenburg, ehemalige Grenzstation   Boizenburg, former border station   Ancienne station frontière de Boizenbourg

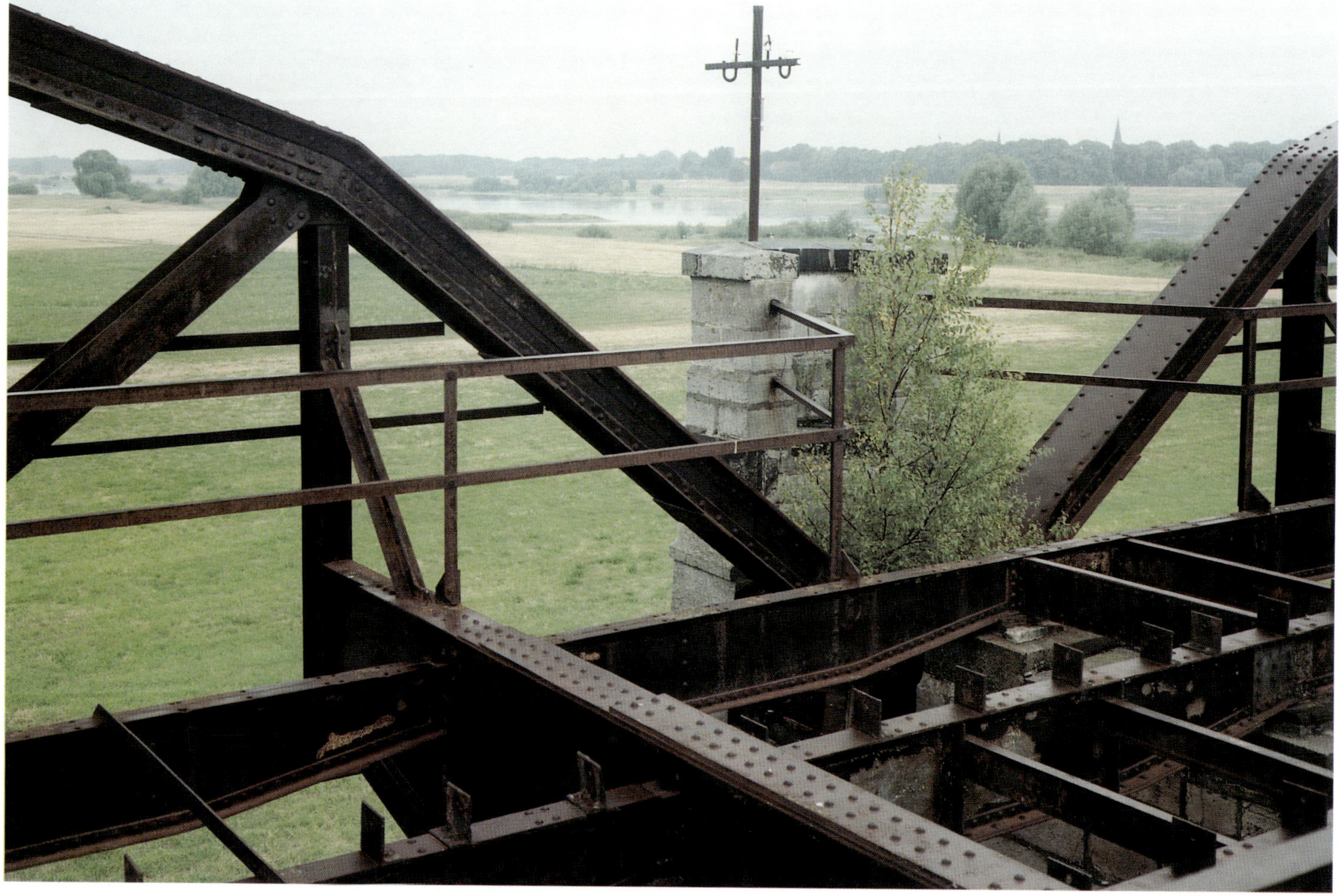

Dömitz

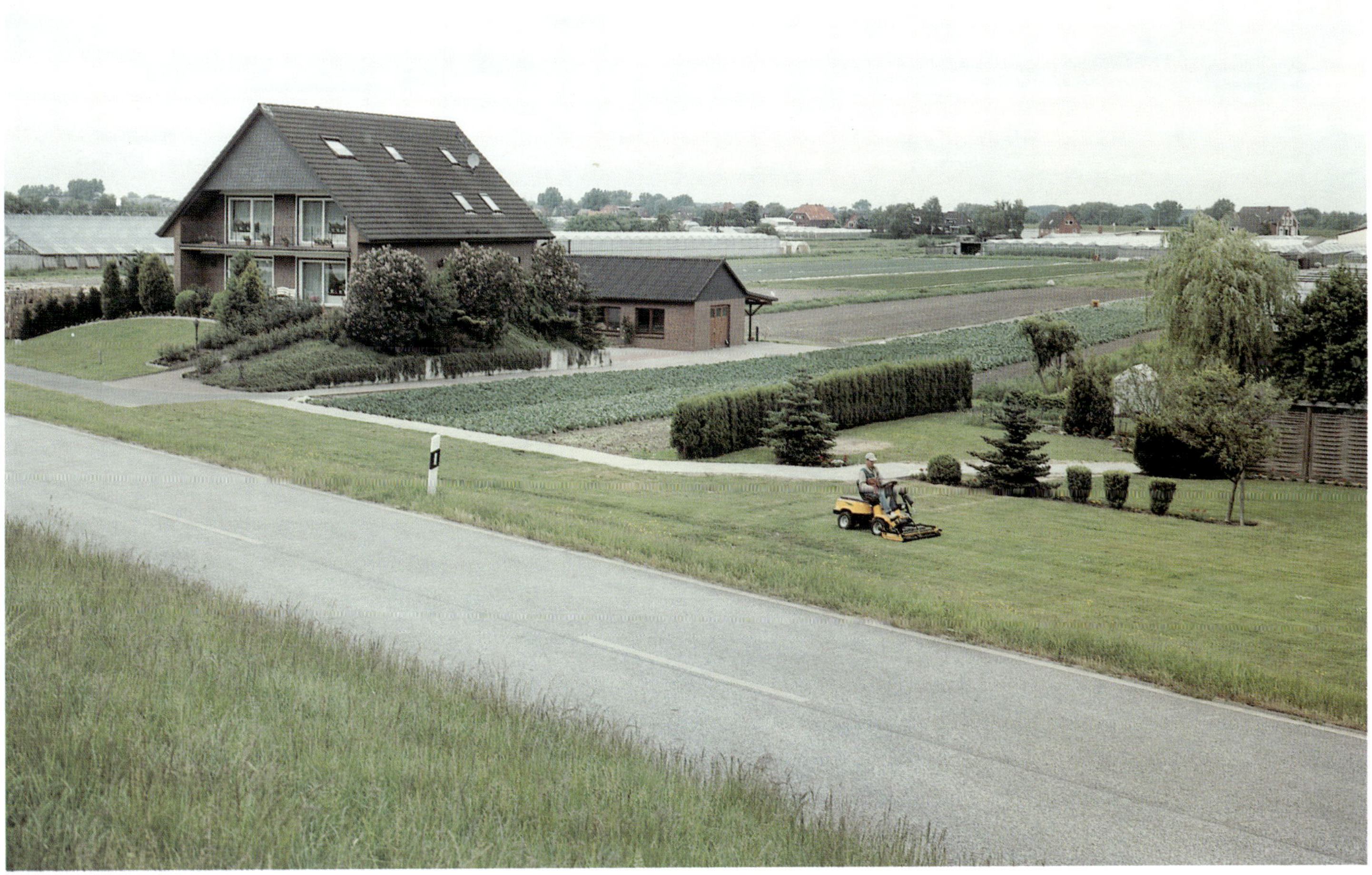

Hamburg, Moorwerder   Hamburg, Moorwerder   Hambourg, Moorwerder

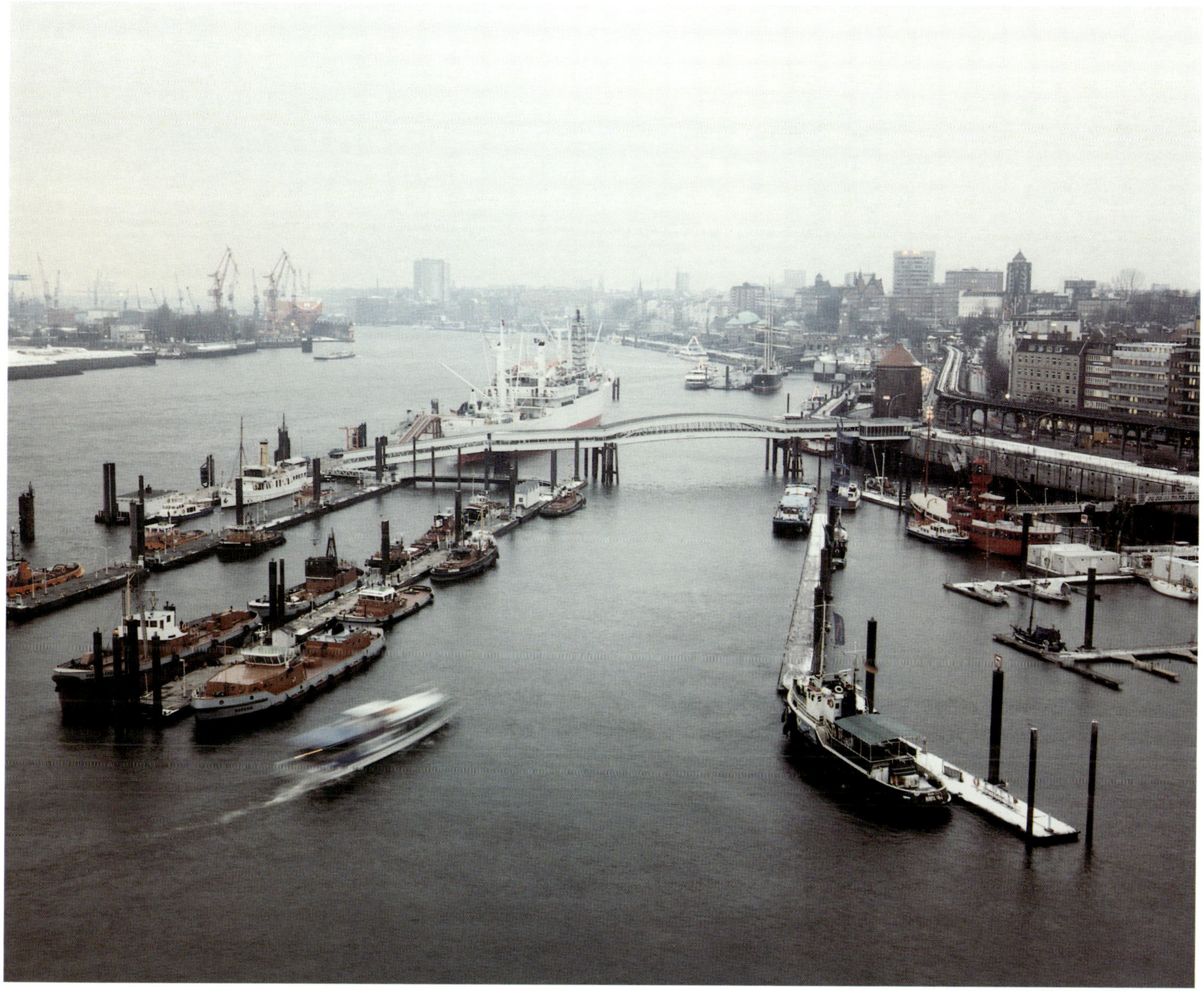

Hamburg Hamburg Hambourg

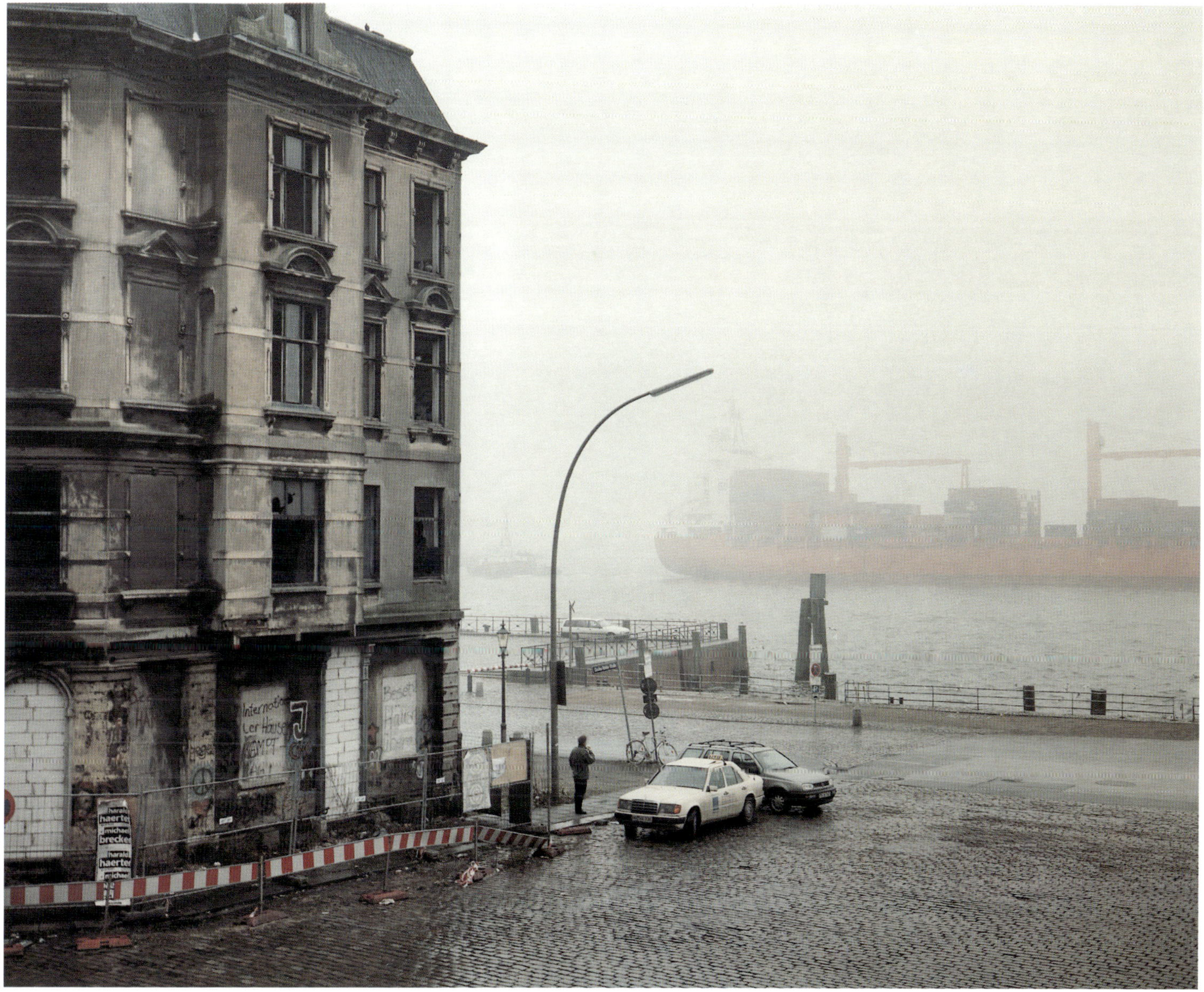

Hamburg, Nähe Fischmarkt   Hamburg, near the fish market   Hambourg, près du marché aux poissons

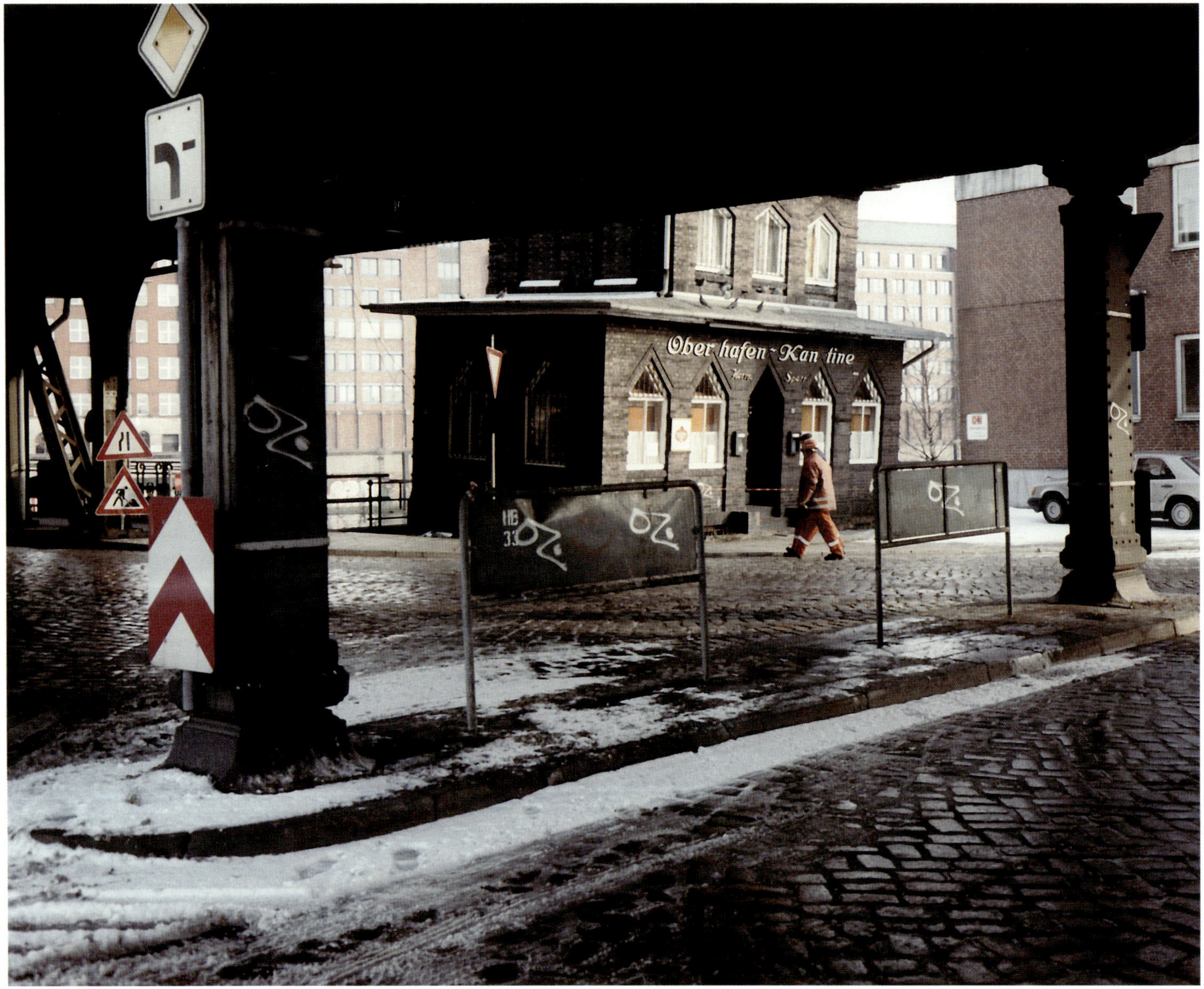

Hamburg, Hafenkantine   Hamburg, canteen of the harbour   Hambourg, la cantine du port

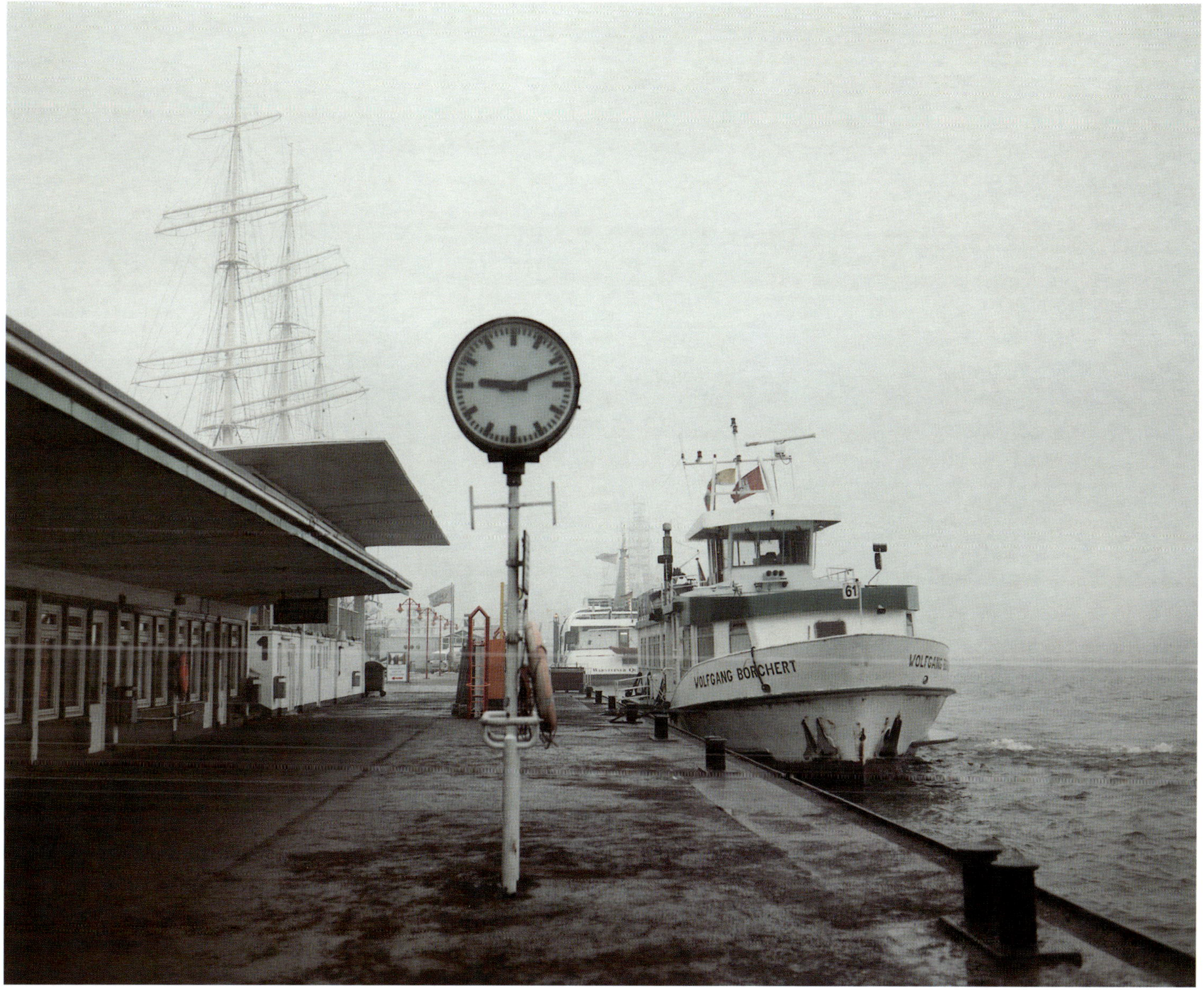

 Hamburg, Landungsbrücken Hamburg, landing stages Hambourg, les débarcadères

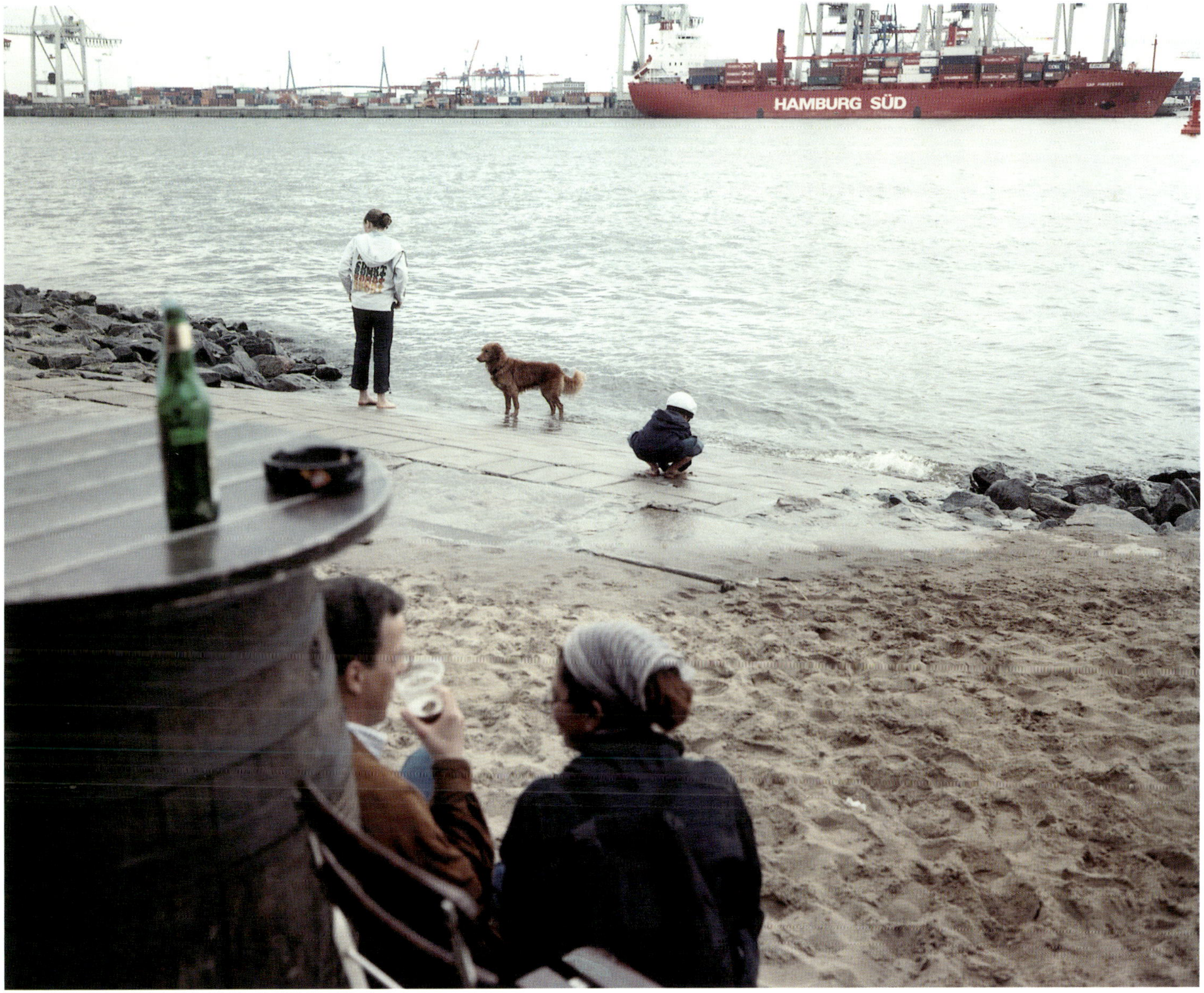

Hamburg, Övelgönne   Hamburg, Övelgönne   Hambourg, Övelgönne

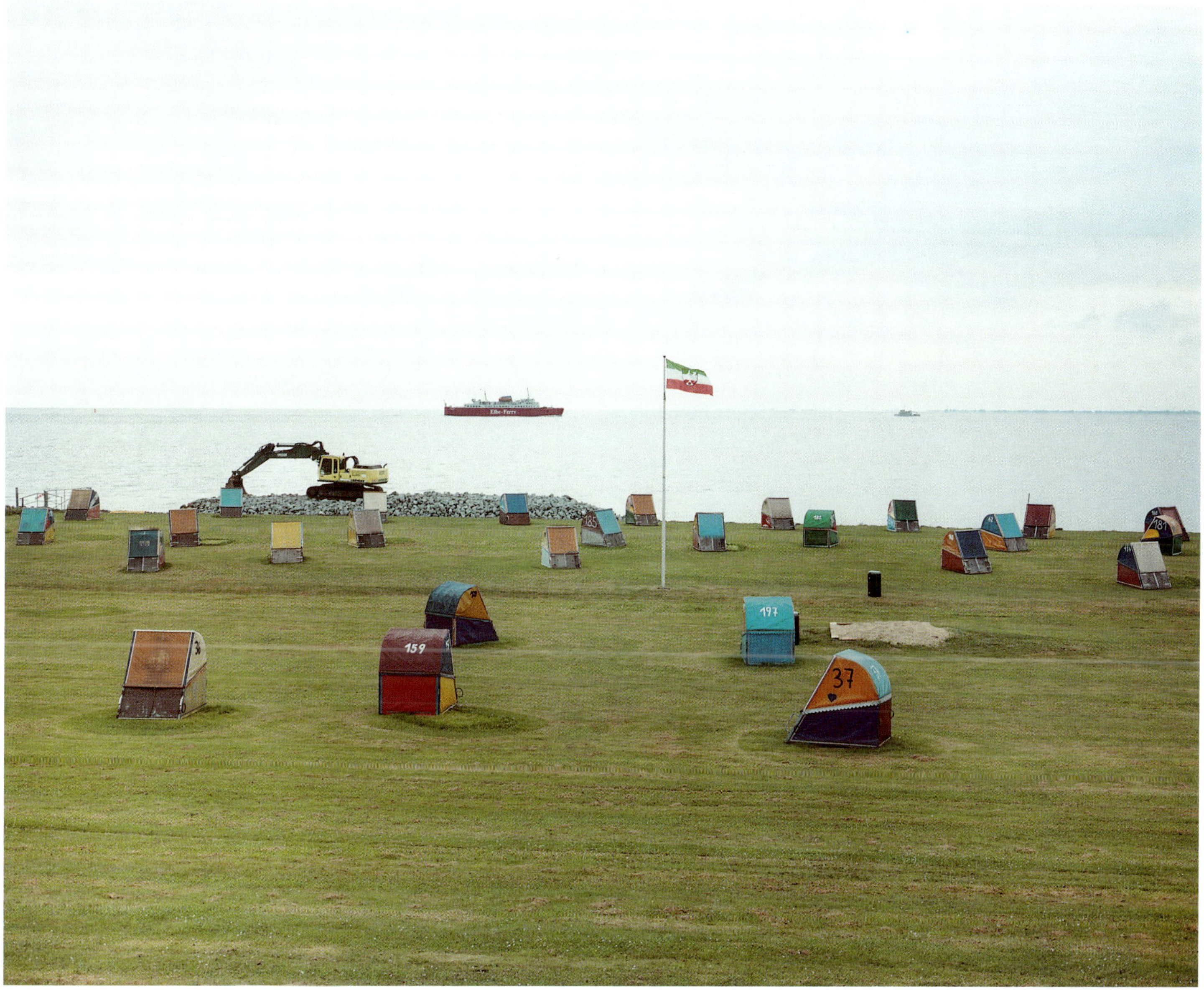

 Ottendorf

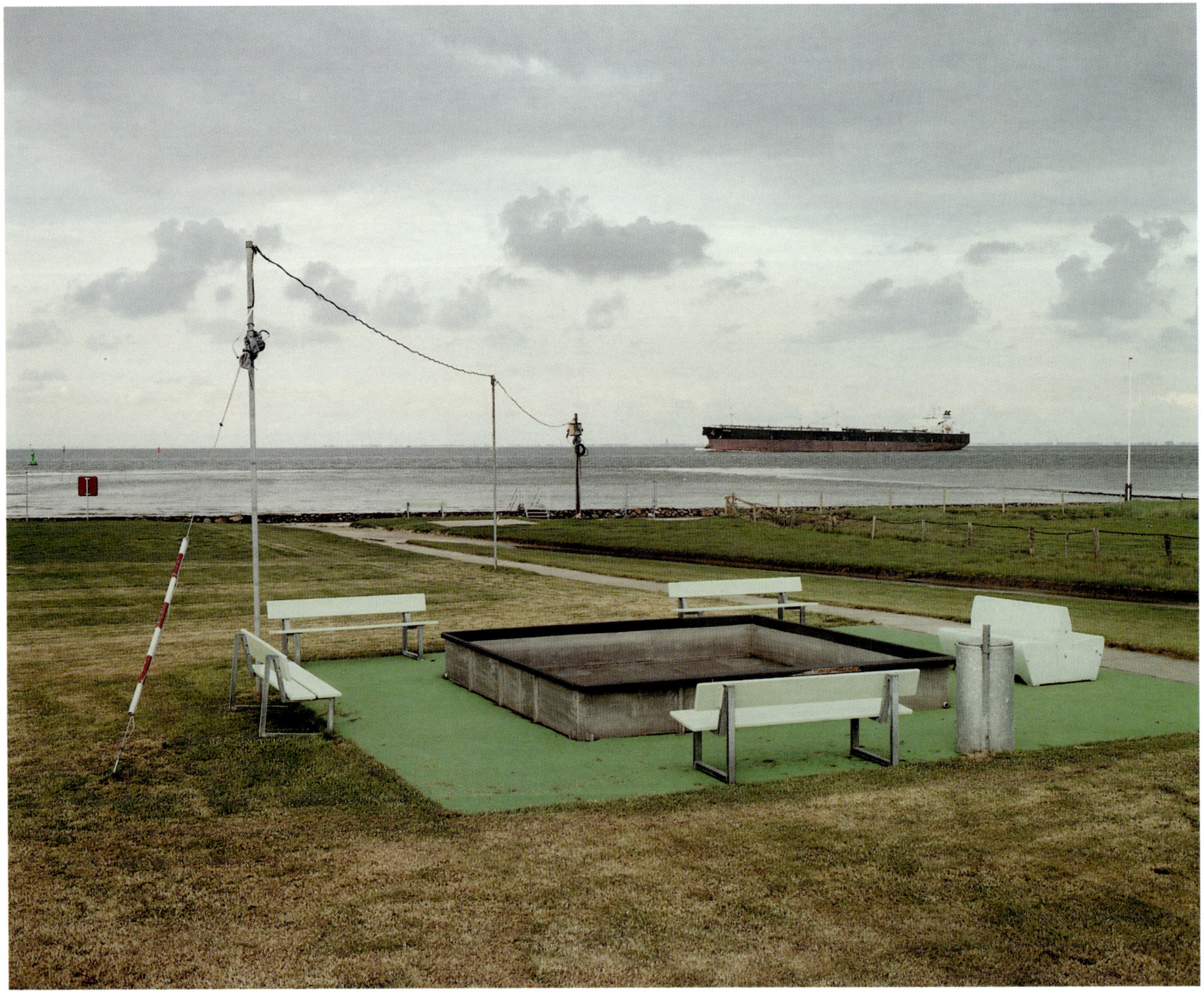

Altenbruch

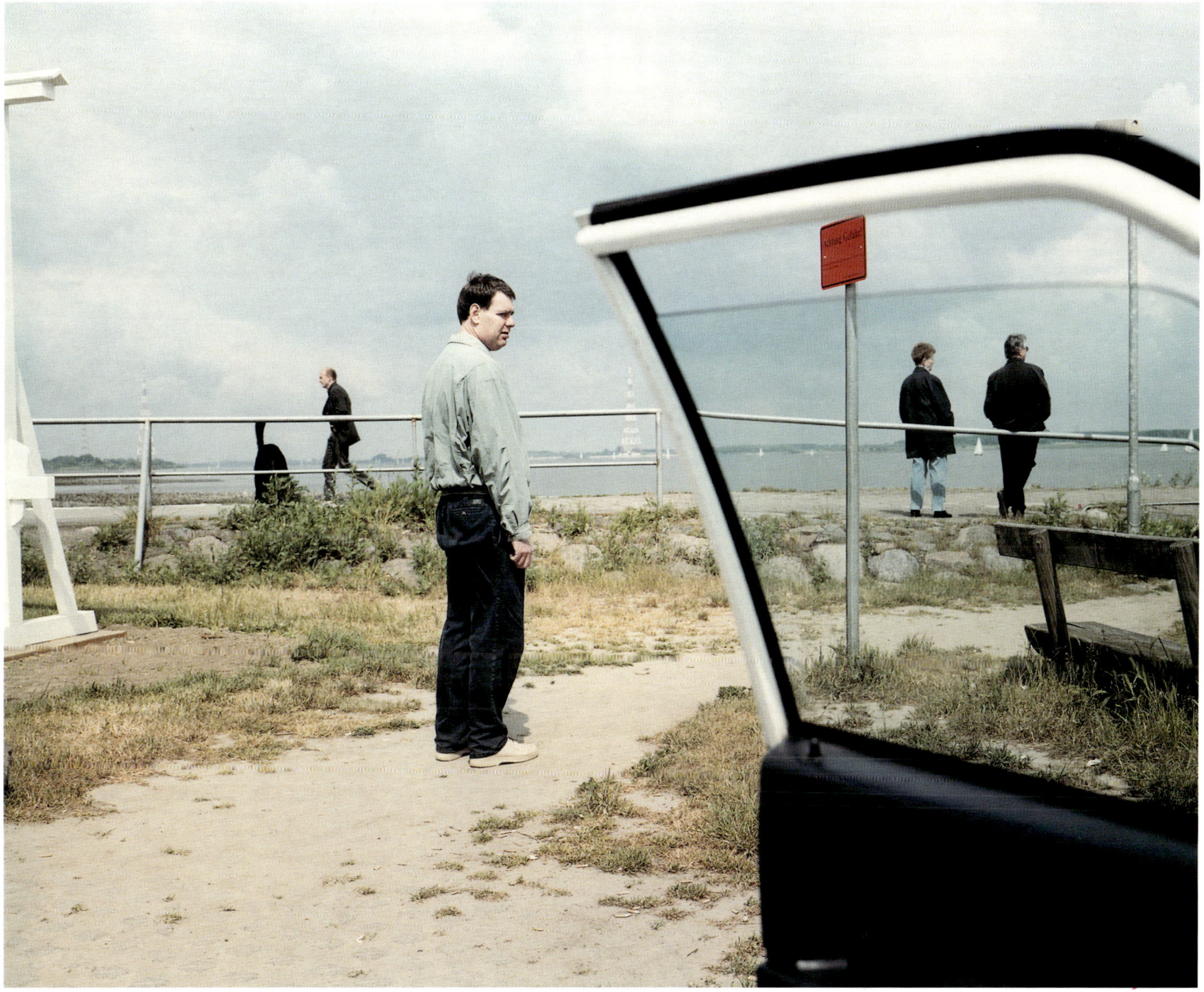

 Lühe

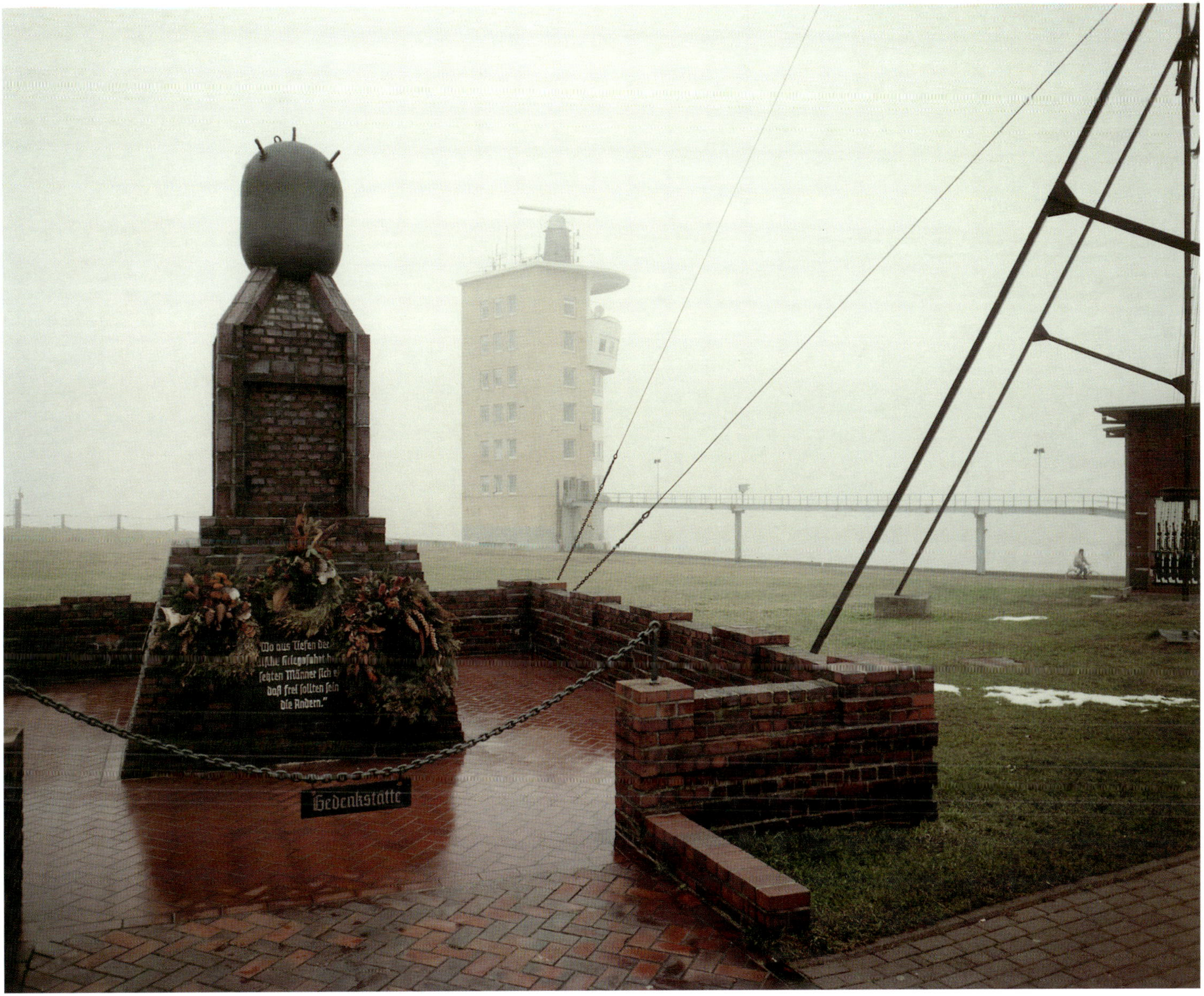
"Wo aus Tiefen der
setzten Männer sich
daß frei sollten sein
die Andern."
Gedenkstätte

 Cuxhaven

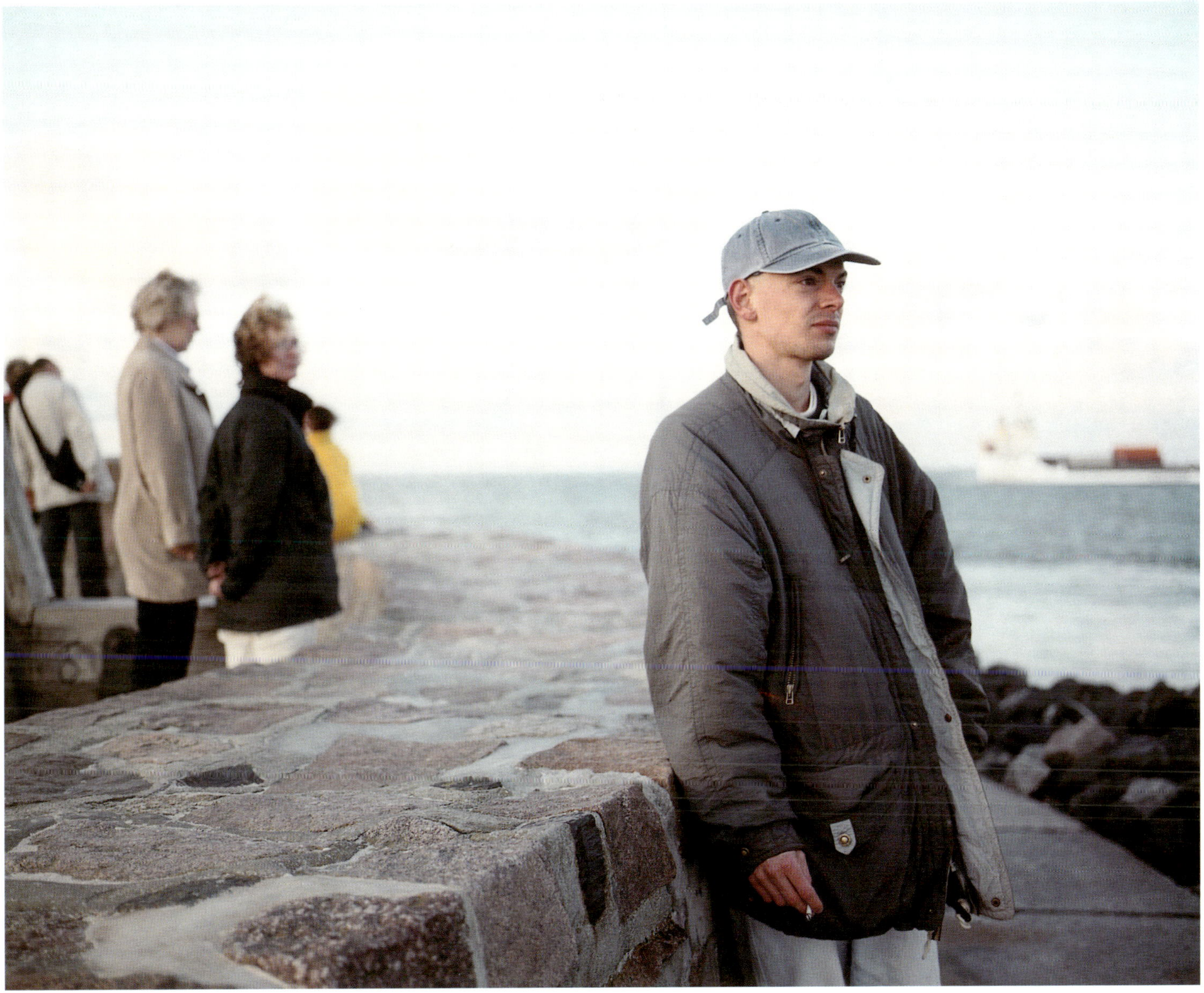

 Cuxhaven

Cuxhaven, »Alte Liebe«   Cuxhaven, »Old Love«   Cuxhaven, »Vieil amour«

Walter Kempowski

Fluß der Erinnerung

Ich habe zwar weder blaue Augen noch blondes Haar, aber ich stamme von der Waterkant, das ist nicht zu leugnen. Die Warnow war in zehn Minuten zu erreichen, im Sommer zum Baden, im Winter zum Schlittschuhlaufen. Quasi vor der Haustür lag die Ostsee, weswegen auch die Universitäten des Reiches sich Absolventen aus Rostock höflichst verbaten.

Wasser war mein Element, es ist sogar in mein Erbgut eingegangen. Mein Vater, blond und mit blauen Augen, stammte aus Königsberg, das bekanntlich am Pregel liegt. Er hatte in Rostock eine Reederei mit zwei Schiffen, eines liegt vor der Nordseeküste auf Grund, im letzten Krieg lief es auf eine Mine, und das andere wurde nach dem Krieg von den Engländern mit einer Ladung Giftgas im Atlantik versenkt.

Und meine Mutter stammte aus Hamburg, womit wir beim Thema wären, der Elbe.

Sie entspringt im böhmischen Riesengebirge auf der Elbwiese, hell und klar, 1397 Meter über dem Meer, ist immerhin 1165 Kilometer lang (nicht zu vergleichen mit Ob und Jenissej), von denen 940 schiffbar sind. Das Flußgebiet nimmt 14 400 Quadratkilometer ein, worunter man sich allerdings nicht viel vorstellen kann. An der Quelle ist sie fünf Zentimeter breit, an der Mündung bei Cuxhaven 15 Kilometer, dort beträgt die mittlere Wasserführung 700 Kubikzentimeter pro Sekunde. Ein Bild von der »Alten Liebe« bei Cuxhaven hing in unserem Wohnzimmer über dem Flügel. Wenn man die Etüden von Clementi übte, hob man ab und zu den Blick und betrachtete das Bollwerk, freilich ohne sich wie die heimkehrenden Seeleute die Tränen verbeißen zu müssen. Pregel und Warnow, wie auch immer: das ist gegen die Elbe nichts. In der Nachkriegszeit der großartige Anblick der halb im Wasser liegenden gesprengten Brücken, die vor sich hin dümpelnden Schiffswracks, die zerborstenen Kaimauern.

Wenn mir hier ein Bild aus der deutschen Apokalypse kommt, so ist das eigentlich nur der Schluß einer großen und schönen Erfahrung: In Hamburg wohnten meine Cousinen, und in Hamburg wohnte auch mein Großvater. Die Ferien verbrachte ich dort in angenehmer Atmosphäre. Auf Stelzen turnten wir über den Rasen, und im Gartenpavillon wurden mir Blaubeerschnitten in den Mund gesteckt, sonntags gab es Wackelpudding.

Einmal zeigte die Tante mir, dem Jungen aus der Provinz, die alte Hansestadt. Sie zog sich einen schönen Mantel an und setzte sich einen besonderen Hut auf, und auf meine Baskenmütze platschte Möwendreck. Der Michel, das Rathaus – die Attraktion der Reeperbahn wurde links liegengelassen, die Elbe war das Ziel.

Zunächst der alte Elbtunnel mit seinem unförmigen Fahrstuhl, der noch heute funktioniert. Man stand vor den beiden Röhren, die sich in der Ferne verloren, gelb gekachelt, durch die bei Schichtwechsel die Arbeiter von Blohm & Voss trabten, und man stellte sich vor, wie obendrüber der Elbestrom fließt. Kaiser Wilhelm hatte den Tunnel eingeweiht, und er nahm – ob es wahr ist? – bei dieser Gelegenheit im Hafen ein Bad! Von den Landungsbrücken fahren noch heute die kleinen weißen Touristenboote elbabwärts nach Blankenese. Zwei schöne Filme gibt es, beide mit Hans Söhnker, in dem einen, »Ein Mann mit Grundsätzen«, schippert er mit Elfi Mayerhofer den Fluß hinunter, und in dem anderen, »Große Freiheit Nr. 7«, mit Ilse Werner, stilvoll vom Tuten der großen Schiffe begleitet. Hans Albers steht singend am Ruder der Barkasse.

Als ich damals mit meiner Tante den Elbdampfer bestieg, im Juli 1943, wenige Tage vor den großen Luftangriffen, war noch alles heil. Wir fuhren an den herrschaftlichen Villen vorüber, und sie zeigte mir das Grundstück, das einem reichen Großonkel mal gehört hatte: Teeimport aus Java. Zu dieser Zeit fuhren keine großen Schiffe mehr die Elbe hinauf, bewimpelt und beflaggt, statt dessen übten Schnellboote der Kriegsmarine auf dem Strom Zickzackfahren, ein lustiger Anblick. Einen Loreleifelsen hat die Elbe nicht zu bieten und auch keinen hellen Strand (wie die Saale, die ihr als Zufluß dient). Aber zu jedem Hamburgbesuch gehört Blankenese, so auch damals mit meiner Tante, die mich zum Kuchenessen einlud, nicht bei »Sagebiehl«, sondern auf dem Süllberg. Vierzehn Tage später wurde der Vorhang zugezogen.

Als ich mich 1956 verlobte, war es klar, daß ich meiner »Braut«, wie man damals sagte, die Elbe zeigen mußte. Sie stammt von der Weser. Die Övelgönne – so was gibt es in Bremen nicht –, die kleinen Kapitänshäuser mit den Bordellhunden im Fenster und einem Fahnenmast im Garten.

Ein berühmter Schriftsteller wohnt hier sogar, Büchnerpreis und so weiter, Peter Rühmkorf, und der beschreibt es immer wieder, wie schön es ist, auf die Elbe hinunterzublicken und die großen Schiffe vorübergleiten zu sehen. Er ist, wie ich, ein großer Verehrer des Hamburger Ratsherrn und Dichters Barthold Hinrich Brockes (1680 – 1747), der verschiedene Gedichte über den Fluß geschrieben hat. »Erinnerung einiger Umstände bey einer gefährlichen Wasser-Fahrt, von Ritzebüttel nach Hamburg« (1745) beispielsweise beginnt so:

Früh, als annoch der reine Mond sein Silber-Horn im Osten wies,
Noch eh Auroren sanftes Licht den Rosen-Schimmer sehen ließ,
Betraten wir bereits die Jagd [Jacht], vorauf, als einem Wasserwagen,
Des reichen Elb-Strohms breiter Rücken, uns nach Cuxhaven hergetragen,
Um wiederum zurück zu kehren. Die rothen Flagg' und Wimpel spielten,
Und walleten in kühler Luft, weil sie des Südwinds Hauchen fühlten.
Wir grüßten das verlaßne Land mit unserm donnernden Geschütze;
Wir sahen auch gar bald darauf vom Schlosse, das uns dankt' die Blitze,
Und hörten der Canonen Knall. Gleich zog man alle Segel auf,
Die eingetretne strenge Fluth befordert' unsern schnellen Lauf,
Die güldne Sonne brach hervor, es glänzte die bestrahlte Fluht,
Luft, Himmel, Meer und Erde lachte, erquickt durch ihre Segens-Gluth.

Hin und wieder fuhr ich dann auch mal nach Cuxhaven. Dort standen wir hinterm Deich vor dem kleinen Haus meines Urgroßvaters, des Amtsphysikus Haelssen. Wir gingen auch zur Kugelbake, an der sich ein tragischer Vorfahr in einer Stunde der Verzweiflung ertränkte. Dort ist der Fluß tief – Knurrhahn und Stint tummeln sich hier –, und die Strömung reißt alles mit sich, man hat ihn wohl nie gefunden. Im Seepavillon saßen wir, wo Hermann Göring mal gewohnt hat und auch Heinz Rühmann, aßen einen Kapitänsteller mit Krabben, Rotbarsch und Lachs, und sahen auf die Elbe hinaus. Um die Ecke geht es nach Amerika ... Jahrzehntelang fuhren Auswandererschiffe vom Steubenhöft in die Neue Welt, die »Hanseatic« legte hier an und die »Italia«, und so manche Abschiedsträne wurde vergossen.
Wenn mal Besuch aus Süddeutschland kommt, fahren sie wie wild »ans Meer«, wie sie sagen, nach Cuxhaven, ohne auf meine Warnungen zu hören, sich wegen der Tide zu erkundigen, und dann stehen sie vor einer großen Schlickwüste. Wenn da die Elbe nicht wäre, und die zahlreichen Restaurants, in denen man Aal essen kann, gebraten oder geräuchert, und Rollmops, dazu trinkt man Bier und Korn.

Mit meiner Braut war ich dann auch auf dem Süllberg, und wir aßen ein Eis für zwei Mark fünfzig. Als ich vor einigen Monaten diese Stätte aus Erinnerungsgründen mal wieder besuchen wollte, war alles aus: Statt des luxuriösen Restaurants gab es nur noch Apartments zu sehen, im Bau. Wer an einem Fluß wohnt, hat nie Langeweile. Wer an der Övelgönne seine Kutterscholle ißt, sieht hinüber zu den Werften, in denen genietet und geschweißt wird, Tag und Nacht, und er hat Muße, die schönen und weniger schönen Spaziergänger zu beobachten, die im Kurschritt unter der Kastanienallee dahintrotten, und hin und wieder ein großes Schiff, das langsam die Elbe hinauf- oder hinuntergleitet, aus Hongkong kommend oder aus Helsinki. Touristen versuchen meist vergeblich, die Größe dieser »Pötte« oder »Kasten«, wie sie sagen, zu erraten. Dazwischen die eiligen Schlepper, schwarz-braun-weiß gestrichen, Bugsier XII oder Bugsier XIV, auch mal ein Kreuzfahrtschiff auf der Reise zum Nordkap, und hin und wieder, wenn man Glück hat, ein Großsegler wie auf einer Bierreklame, die Rahen getoppt.
Der Grenzcharakter von Flüssen. In Frühzeiten war die Oder ein Bollwerk gegen die Slawen, der Rhein gegen die Welschen. Die Römer überquerten die Elbe, hinter der Germanen saßen, nicht. Das Reich Karls des Großen endete am westlichen Ufer des Flusses. Auch die Christianisierung setzte in den jenseitigen Gebieten später ein. Bis 1866 gehörten die Herzogtümer Schleswig und Holstein zu Dänemark; Altona, heute ein Hamburger Stadtteil, war die zweitgrößte Stadt im dänischen Gesamtstaat. Nach dem Zweiten Weltkrieg wurde die Elbe dann zum Grenzfluß der Deutschen, ja Europas, und es war ein großer Unterschied, ob man sie von Osten oder von Westen her betrachtete. Von Osten hatte sie ein nicht sehr einnehmendes Gesicht. Gleichmütig vor allem Leid floß sie dahin. Wenn wir sie auch nicht einen Schicksalsfluß nennen, so hat in ihr doch so manches Leben geendet. Die vor den Russen flüchtenden deutschen Armeen im April 45 wurden von

ihr aufgehalten. Am westlichen Ufer standen die Briten und Amerikaner und ließen keinen herüber – manchmal doch, wie der Bericht eines damaligen Schülers aus meinem Archiv unpublizierter Autobiographien zeigt:
»Am 6. Mai, ein Sonntag, will ein Fischer uns zu den Amis hinüberrudern. In kleinen Trupps dürfen angeblich Deutsche nach drüben. 500 RM sind als Preis vereinbart; schließlich riskiert er viel. Das Boot ist ca. 1,80 m breit und ca. 5–6 m lang. Mit einer der ersten Fuhren gelangen Mutter und Schwester nach drüben. Vater und ich lassen auch weiterhin Frauen und Kindern den Vortritt. Tiefflieger in einiger Entfernung, Rauchwolken und Grummeln der Geschütze im Osten. Vor allem: das unangenehme Heulen der ›Stalin-Orgeln‹, das man nie vergißt. Es wird Mittag. Noch immer sind wir am Ostufer. Zwölf bis fünfzehn Mal mag der Fischer schon gefahren sein. Jetzt sagt er erschöpft: ›Dies war die letzte Fuhre.‹ Doch läßt er sich erweichen, noch einmal zu fahren, um wenigstens die Familie zu vereinen. Der Rand des Bootes schaute nur 5 cm über den Wasserspiegel – so überladen war es. Drüben sitzen Mutter und Schwester im Schilf. Zusammen erreichen wir jetzt den Deich, auf dem wir entlang müssen. Seltsamerweise haben wir übrigens unsern Handwagen mitbekommen.«
Später tuckerten dann die Motorboote der NVA in der Mitte des Stromes auf und ab und beobachteten mit Ferngläsern das Ufer. Ob nicht doch einer mit dem Bündel auf dem Kopf versuchen würde, ins kapitalistische Ausland zu schwimmen. Sie machten auf Menschen Jagd, wie anderswo Enten geschossen werden. Bei Boizenburg oder Dömitz etwa, jener urigen Festung, in der Fritz Reuter als »Demagoge« fünf Jahre seines Lebens zubringen mußte, sicher hat er von seinem Fenster aus die Elbe gesehen, und ihm als Norddeutschen mag das ein Trost gewesen sein.
Vom Westen her blieb der große deutsche Fluß eher unbeachtet. Das war die Grenze, unüberwindbar, es sei denn mit Paß auf einer Transit-

strecke, auf der anderen Seite terra incognita, für so manchen, der nach Italien oder Frankreich reiste, ein weißer Fleck auf der Landkarte. Als ich im März 1956 aus dem Zuchthaus Bautzen entlassen wurde, drückte man mir 10 Mark in die Hand, ein Stullenpaket und eine Fahrkarte Richtung Hamburg. Bei Wittenberge hielt der Zug noch einmal an, um letzte Verdächtige zu entfernen, die keinen Interzonenpaß hatten. Ich war wohlversorgt mit meinem Entlassungsschein. Dann ging es klipp-klapp über die Elbe, das silberne Band des Flusses wird mir immer unvergeßlich bleiben ... Und einer meiner ersten Wege in der wiedergewonnenen Freiheit führte mich in Hamburg an den Hafen.
Bleckede: Wer einmal wissen möchte, was Schönheit des Flusses bedeutet, soll bei Bleckede über die Wiesen gucken, die Stelle, wo ein englischer Kommandant den Russen einen Landkreis geschenkt hat, ohne Not. Im Frühjahr tritt der Fluß hier über die Ufer und nimmt das Land in Besitz, Bäume und Sträucher, Straßenschilder markieren die überfluteten Wege, und das Kaffeehaus am Fähranleger erreicht man nur noch über Holzplanken. Unweit von hier wurde die Elbe einem Urgroßonkel von mir zum Verhängnis. Er segelte, das Boot kenterte, und er ertrank. Ich habe noch ein kleines Bild des Bootes. Von jenem Vorfahren ist nur überliefert, daß er in Hamburg Bürgermeisterdiener war.
Schulklassen, denen der Lehrer zeigte, daß dort drüben auch Deutschland liegt, habe ich hier nicht gesehen. Und in den Klassenzimmern wird wenig die Rede gewesen sein von jenem anderen Teil Deutschlands, nicht von der Festung Königstein, auf der August Bebel einmal einsaß, oder von Dresden, dem »Elbflorenz« mit seinen barocken Prachtbauten und Kunstschätzen, der heiteren Gelassenheit des Stadtbildes, unendlich oft gemalt und viel zuwenig. Lernten die Kinder, daß Richard Wagner hier Hofkapellmeister war wie vor ihm Carl Maria von Weber, und erzählte man ihnen vom Untergang der Stadt im Feuer-

sturm des 13. Februar 1945, als die Toten in der Elbe schwammen wie zwei Jahre zuvor in Hamburg? Was wußten sie vom Meißener Dom oder von der Porzellanmanufaktur? Oder von Torgau – die Sprengung der amerikanisch-russischen Begegnungsbrücke war auch ein Akt von Vandalismus. Erzählte man ihnen von Wittenberg und also von Philipp Melanchthon, Lucas Cranach d. Ä. und Martin Luther? Von Magdeburg, das dreimal zerstört wurde, durch die Truppen Tillys im Dreißigjährigen Krieg, durch amerikanische Fliegerangriffe und zuletzt durch die Kommunisten, die die alten Kirchen sprengen ließen?
Die Nebenflüsse der Donau wurden in einem Merkvers gelehrt – »Iller, Lech, Isar, Inn ...« –, desgleichen gibt es von der Elbe nicht. Bei Gelegenheit werde ich mir einmal einen ausdenken. Vielleicht wird in Hamburger Gymnasien ja noch jenes andere Brockes-Gedicht, »Die Elbe« (1724), gelernt, das mit den Worten beginnt:

Wie angenehm, wie glatt, wie prächtig und wie schön
Ist diese rege Last der Fluthen anzusehen!

Oder man hört sich in der Musikhalle Telemanns »Hamburger Admiralitätsmusik« von 1723 an:

Schwellt, ihr wasserreichen Gründe,
schwellt, aber nur von Wollust an.
Öffnet eurer Quellen Munde,
redet aus verborgnen Strudeln,
wenn nur durch ein sanftes Sprudeln
mein Vergnügen reden kann.

Wir wollen hier nicht abschweifen, aber die Hamburger und ihre Einstellung zur Kunst ... das wäre ein Kapitel für sich. Die Pfeffersäcke taten sich schwer mit Telemann, Lessing, Carl Philipp Emanuel Bach,

Brahms oder Hans Henny Jahnn, dessen Haus sie abreißen wollten. Wenn wir gelegentlich mit unseren Kindern nach Hamburg fuhren, dann gab es auf der Hafenrundfahrt andere Attraktionen zu sehen: keine im Wasser liegenden Brücken, keine zerborstenen Kaimauern, sondern Containerschiffe und die »Blinde Kuh«, ein Seebäderdampfer nach Helgoland. Flottenbesuche waren interessant, so der unförmige Flugzeugträger »Iowa«, auf dem oben die weißen Matrosen standen, die unten von Dirnen angerufen wurden. Regelmäßig in jedem Mai machten wir einen Ausflug ins Alte Land, die Obstblüte lockt Busse mit Touristen an. Ein kleiner Junge bot mir hier mal eine von den Wellen abgeschliffene Tassenscherbe zum Verkauf an, als Souvenir. Wir gehen auf dem Deich auf und ab. Linker Hand die alten Fachwerkhäuser unter Blütenwolken – hier gibt es ein Dorf, das Jork heißt, rechts die Elbwiesen, und dahinter die Elbe, die so harmlos nicht ist, wie sie auf uns wirkt. Noch immer sind uns die alten Wochenschauen von 1962 in Erinnerung, in denen zu sehen war, wie sie über die Ufer trat und Hunderte mit in den Tod riß. Die Soldaten, die in den Obstmarschen Kisten mit Äpfeln aus den Kellern holten, mußten die Äpfel bezahlen, wenn sie welche essen wollten. Sturmflut. Weshalb eilen eigentlich Politiker an den Ort solchen Geschehens, ihren Urlaub abbrechend? Soll man ihre Betroffenheit bewundern? Bewirken können sie ja doch nichts. Es sei denn, sie haben »Befugnisse« wie seinerzeit Helmut Schmidt, der dann, wie es in solchen Fällen heißt, einen Krisenstab bildete. Der Schwarzweiß-Film über die auf den Dächern ihrer Lauben sitzenden Opfer, Ausgebombte zumeist und viele Flüchtlinge noch, die hier eine notdürftige Bleibe gefunden hatten.
Die Elbe – jeder hat so seinen eigenen Eindruck. Der eine wird an das Elbsandsteingebirge denken, der andere an den Hamburger Hafen. Ich aber denke an die Insel Neuwerk, die kleine Landkuppe inmitten des Meeres mit dem Friedhof der Namenlosen und dem steinernen Turm aus dem 14. Jahrhundert, die Elbmündung beherrschend und

den Seeraubern ein Zeichen. Noch heute halt hier der Hamburgische Senat für Gäste eine Wohnung parat. Und ich denke an die »Alte Liebe«, und da ist es mein Vater, der am Flügel saß und spielte, »Wie sie so sanft ruhen, alle die Toten«.

Ich danke Anna Vanhöfen, Konny und Konstantin Czerner, Ute und Werner Mahler.
Besonderer Dank gilt der Zeitschrift »du« in Zürich, Andreas Böttcher und Michael Franke in Berlin.

ISBN 3-378-01047-9

1. Auflage 2000

Einbandgestaltung Peter Barczewski
Innengestaltung Jonas Maron
Lithografie City Repro im Druckhaus Mitte GmbH
Gesamtherstellung GRAFO, S.A.
Printed in Spain

www.gustav-kiepenheuer-verlag.de